乔·吉拉德巅峰销售丛书

Mastering Your Way to the Top

怎样迈向巅峰

修订版

[美] 乔·吉拉德（Joe Girard） 著

费凤霞　冷东海　张雅彬　译

中国人民大学出版社

·北京·

图书在版编目（CIP）数据

怎样迈向巅峰/（美）乔·吉拉德著；费凤霞，冷东海，张雅彬译．-- 修订版．--北京：中国人民大学出版社，2024.4

（乔·吉拉德巅峰销售丛书）

书名原文：Mastering Your Way to the Top

ISBN 978-7-300-32537-8

Ⅰ.①怎… Ⅱ.①乔… ②费… ③冷…④张… Ⅲ.①销售-通俗读物 Ⅳ.①F713.3-49

中国国家版本馆 CIP 数据核字（2024）第 007299 号

乔·吉拉德巅峰销售丛书

怎样迈向巅峰（修订版）

［美］乔·吉拉德　著

费凤霞　冷东海　张雅彬　译

Zenyang Maixiang Dianfeng

出版发行	中国人民大学出版社		
社　　址	北京中关村大街 31 号	**邮政编码**	100080
电　　话	010－62511242（总编室）		010－62511770（质管部）
	010－82501766（邮购部）		010－62514148（门市部）
	010－62515195（发行公司）		010－62515275（盗版举报）
网　　址	http：//www. crup. com. cn		
经　　销	新华书店		
印　　刷	涿州市星河印刷有限公司		
开　　本	890 mm×1240 mm　1/32	**版　　次**	2024 年 4 月第 1 版
印　　张	8.875	**印　　次**	2024 年 4 月第 1 次印刷
字　　数	184 000	**定　　价**	59.00 元

丛书总序

“你不是在销售商品，而是在销售你自己。”这句被销售员广为传诵的名言，就是被《吉尼斯世界纪录大全》誉为“世界上最伟大的销售员”的乔·吉拉德提出的观点。

然而，令人匪夷所思的是，在销售领域如此优秀的乔·吉拉德，在 35 岁以前是一个完全的失败者，他患有相当严重的口吃，换过 40 来个工作仍一事无成，甚至曾经当过小偷，开过赌场 。35 岁那年，乔·吉拉德破产了，负债高达 6 万美元。为了生存下去，他走进了一家汽车经销店。3 年之后，乔·吉拉德凭着一年销售 1 425 辆汽车的成绩，打破了汽车销售的吉尼斯世界纪录。在 15 年的汽车销售生涯中，他总共卖出了 13 001 辆汽车。他也因此创造了汽车销售的吉尼斯世界纪录，同时获得了“世界上最伟大的销售员”这一称号。

1978 年 1 月 1 日，乔·吉拉德急流勇退，转而从事教育培训工作，通过在全球发表励志演讲、著书立说销售自己的人生经验。《怎样打造个人品牌》（*How to Sell Yourself*）、《怎样成交每一单》（*How to Close Every Sale*）、《怎样迈向巅峰》（*Mastering Your Way to the Top*）一经出版便成为畅销书和销售界的必读书。这几本书以其亲切、可读、实用和可信的特点，通过一个个鲜活具体的故事和典型案例告诉读者：乔·吉拉德如何通过细小行为的积淀、良好习惯的养成来打造个人品牌，成功地把自己销售出去；如何运用充满热情与智慧的策略和技巧成交每一单生意，从而克服各种困难，一步步迈向成功的巅峰。当你沉浸在这些书中的情节和场景中时，会不由自主地忘记他曾经坎坷的童年和接连不断的失意，只记得他是一个永远拥有阳光心态、永远充满激情、永不放弃追求、每天规划自己的工作和生活、认真履行对自己和客户的承诺的平凡而伟大的人。

《怎样打造个人品牌》一书阐述了“你不是在销售商品，而是在销售你自己”的宗旨，以及如何打造个人品牌。任何销售的本质都是先销售人——顾客之所以选择与某位销售员达成交易，是因为他们喜欢和信任这位销售员。在书中，乔·吉拉德从销售的角度来看待问题，认为生活中我们所做的很多事情，本质上都与销售有关。他认为，要坚信我们是自己最好的销售员，在向别人销售自己之前，一定要先向自己销售自己。想要将自己成功地销售出去，就要打造个人品牌。这要求我们加强自我修养：通过建立自信和勇气，克服恐惧；培养积极的心态，保持热忱，学会倾听；坚持诚实为上，信守承诺；加倍付出，乐于助人；等等。全书列举了销售自己时会遇到的各种内外部的挑战，并给出了乔·吉拉德实践过的可靠方案。

《怎样成交每一单》一书向我们展示了销售成交的关键技巧。怎样完成销售目标是每个销售员最想解决的问题，而成交又是销售过程中最为关键的部分。无论你面对的是一般顾客还是专业买主，无论你是采用面对面的销售方式还是其他销售方式，你都可以从乔·吉拉德的这本书中找到适合自己的关键技巧，这些技巧包括但不限于：怎样销售自己；怎样解读购买信息；怎样克服客户拒绝；怎样处理客户拖延；怎样排除客户异议；怎样把握成交契机。他借助自己销售汽车时的真实案例对自己的销售方法做了深入浅出的讲解。这本书的语言通俗易懂，娓娓道来，其聊天式的写作风格让人备感亲切。

《怎样迈向巅峰》一书可以带你体验迈向成功巅峰过程中所面临的挑战以及抵达巅峰时的快意。从身处社会最底层到成为“世界上最伟大的销售员”、全球知名的演讲家，乔·吉拉德始终坚信学习、奋斗、努力的巨大价值和力量。“当命运将你击倒时，你就爬起来！”这是他历尽波折后的深刻感悟，也是他深入探究的人生主题。从如何甄别哪些事情纯粹是浪费时间、如何建立自信、如何养成自律的习惯、如何与人融洽地相处，到如何发现你可以抓住的机遇和资源，乔·吉拉德在书中向你展示了怎样充分发掘个人的无限潜力，一步步迈向成功的巅峰。正如美国成功学大师齐格·金克拉所评价的那样：“在《怎样迈向巅峰》一书中，乔·吉拉德分享了一些已被验证的原则和有用的策略。这些原则和策略可以帮助你迈向巅峰。他是首屈一指的执行者，他也会告诉你如何成为最好的执行者。”

决定销售类图书价值的因素有很多，其中作者是否言之有物而又具备良好的表达能力很重要。然而最为重要的则是：其一，书中的内容是不是作者本人的切身体会、独特感悟；其二，作者本人是不是运用书中道理而获得成功的活典范。乔·吉拉德的这套书是他对自己的销售生涯的经验总结，没有枯燥深奥的理论，没有华丽却空洞的辞藻，更没有那种让人热血沸腾的“鸡汤”语言，有的只是朴实的文字、平淡的叙述。他通过一个个故事、一段段经历，用心用情传递着实战经验。他的真知灼见皆是自己的心血与智慧的结晶。其实书中向读者展示的不仅是他出色的销售技巧，更重要的是他持之以恒、永不言败的销售精神。这套书的字里行间自然流淌着他对事业孜孜不倦的追求，对生命意义、职业价值、奋斗境界的深入思考，对相信自己、提升自己、不甘落后精神的努力践行。当你沉浸在书中时，你会感觉是在阅读一位好朋友写给你的信，或者是在和一位至交促膝长谈。他相信他能做到的事情你也一定能够做到。他之所以相信你，是因为他也是从过去的诸多经历中学会了相信他自己。

乔·吉拉德是一位务实、真诚的销售大师。在书中他毫无保留地与每一位读者分享了他从一个销售“菜鸟”一直奋斗到职业最高位置的宝贵经验与心路历程。他只写他自己相信的东西，而且这些东西也是他所践行的，因为他所说的一切都源于他的亲身经历。他就像一位教练一样告诉你可以做什么、该怎么去做，然后和你站在一起，帮助你一同向上努力攀登，迈向人生的巅峰。对于任何一位想要有所作为的读者来说，这套“乔·吉拉德巅峰销售丛书”都能为其带来难以估量的价值与帮助。这套书具有独特的力量：不仅可以赋能，还可以持续；不仅可以传播全新的创意，还可以改变态度，激发成功的欲望和奋斗的激情。

随着世界进入移动互联网和数智化新时代，消费变得个性化，市场变得细分化，渠道变得多元化，销售变得人性化。**所有行业及产品的营销环境和销售模式都在发生急剧的变化，但人性是永远不变的。**懂人性就能做销售，懂人性就能做好销售。销售的最终目标不仅是要把产品卖出去，还要把我们的理念、服务、价值一起卖出去，实现我们的价值追求。而销售的过程就是人性和人性之间的博弈过程：信任和怀疑博弈；守信和失信博弈；利益和风险博弈；接受和拒绝博弈，利他和利己博弈。这其中所谓的方法和技巧又必然伴随着人们对人性的理解、利用、探索和追求。真诚地理解并专注于满足人性需求，是销售取得成功的关键。**而要精准洞察需求，科学理解人性，一个根本前提就是提升销售员的素质和境界，描绘出销售员素能的精准画像。**

销售是需要智慧和策略的事业，从乔·吉拉德的经历和感悟中，我们可以从强大的内驱力、专业的销售力、高效的执行力、持续的学习力以及顽强的意志力五个视角来为销售员画像。

一是强大的内驱力。内驱力是指内心的自我驱动力。一个人有多大的内驱力，就可能实现多高的目标。优秀的销售员首先要热爱销售工作，把职业当事业，锲而不舍，久久为功；其次要有明确的奋斗目标，相信自己的力量，通过为客户提供价值实现自我价值。

二是专业的销售力。优秀的销售员必须具备专业的销售力，具体来说包括以下方面：要有敏锐的眼光和市场洞察力，不断发掘客户需求，积极开拓市场；要掌握销售的流程和体系，遵循行业规则和服务原则；要不断强化团队协作能力，以结果为导向，用业绩证明自己，努力成为销售领域的杰出人才。

三是高效的执行力。销售员是靠执行来取得业绩的。要有踏实的行动、积极的态度、不懈的努力、一丝不苟的工作作风，才能取得更好的业绩。执行力强的销售员能够全心投入，持之以恒；能够事事有着落，时时有回音；能够快速行动，迅速反应，始终保持高效率。

四是持续的学习力。乔·吉拉德说过："你永远不能满足于自己现在的成就，永远要不断地学习。"成功绝对不是偶然的，而是由一个个细节积累而成的。销售员的学习能力是直接服务于其销售能力的成长的，是直接服务于其销售专业度的提升的，也是直接服务于业绩的取得和增长的。优秀的销售员一定要在"干中学"、在"学中干"，坚持知行合一、以知促行、以行求知，不断提升自己的本领；要培养好的学习习惯，举一反三，融会贯通，像植物的根系一样不断吸收养分，对各类新知识保持高度的热情和关注，将个人强大的学习力转化为持续的销售力。

五是顽强的意志力。每一位销售精英都是从不断的否定、不断的拒绝、不断的挫折、不断的打击中成长起来的，销售业绩也是在这个曲折的过程中创造出来的。乔·吉拉德的成长和成功经历表明，销售员如果没有顽强的意志力，如果没有较高的逆商和较强的自我调适能力，如果没有坚韧不拔的毅力和绝不轻言放弃的态度，是很难攻坚克难、迎难而上的。因此，杰出的销售员一定要发扬“行遍千山万水”“道尽千言万语”“想尽千方百计”“历经千辛万苦”的精神，着眼于长远，增强抗压能力，通过复盘与改进使自己的心智不断成熟，业绩不断增长。

书籍的寿命有长有短：有的寂寂无闻，鲜为人知；有的火爆一时，随后沉寂；有的畅销不衰，历久弥新。一本书能否流传久远，并不是取决于作者是否有这样的主观愿望，而是取决于它能否滋养和感染一代代读者的心灵。从这一角度而言，读者便是书籍寿命的决定者。相信此次中国人民大学出版社重新推出的“乔·吉拉德巅峰销售丛书”会一如既往地受到读者的欢迎，因为这套畅销书所揭示的是人性最基本、最淳朴的特质，所阐释的是个人努力所能迸发的巨大魅力。这些特质和魅力不会因时光流逝而衰减，不会因时代变迁而湮没，反而会成为任何一个时代的人都应当追求的人生最高境界。

王德胜

山东大学市场营销系教授、博士生导师

目　录

第 1 章

怎样看你自己？

每天早晨使用刮胡刀“整修门面”的男人，大多数都会在浴室镜子里看到自己。他们如果仔细看自己的脸，很可能是因为当心，免得把自己刮伤。在经过商店橱窗的时候，他们对自己映在橱窗上的身影也会偷偷瞧上一两眼。也许他们在自欺，希望那 38 英寸的腰身看来只有 34 英寸。真是如此吗？一点没错。

至于女士们，几乎早上化妆时都会把全部注意力放在那面镜子上。一天当中，更是三番五次取出化妆盒与唇膏，把双颊、眼睛和嘴唇好好补饰一番。

由此看来，不论以何种方式，一天当中我们总有机会看到自己。这些动作绝大多数是出于自己的选择，但也可能是不经意的，或是“刻意的不经意”。事实上，在现实生活中，我们常从周围的人或事物当中看到自己，譬如池水的倒影、车子的后视镜以及侧镜，甚至从别人对我们所言所行的反应中发现自己。

然而，你眼中所看到的自己的模样并不重要，重要的是你如何看待自己的形象。请扪心自问：你眼中的自己是个什么样的人？一个失败者？一个可怜虫？是一个得过且过的人？是一个坚持不懈的人？还是一个不折不扣的成功者？

如果你眼中看到了成功，那很好，这表明你应该已经得到你想要的了，就像科尔·波特（Cole Porter）在歌中所唱的："你是顶尖的。"※ 如果以 1～10 分来评判等级，那么你已获得满分。可是，如果你在镜中所看到的不及 10 分，即使是 9 分的高分，你仍然需要有人助你一臂之力，以达到最高的境界。

这时你就需要我了。无论你是男是女，也无论你是年老还是年少，你都需要我：乔·吉拉德（Joe Girard）。

你是最棒的"No. 1"

你可不要把满分的"10"和争取第一的"1"给弄混了。多年来，我不断向我的读者以及演讲听众灌输一个信念："你是无与伦比的，是最棒的，也是世界上最重要的人。"而我自己也一直佩戴着一枚"No. 1"字样的金质领针。事实上，我已经送出几千枚这样的领针给敢在我的演讲中站起来、敢从听众中走出来与我并肩站在讲台上以及

※ 科尔·波特是 20 世纪美国著名的音乐家。《你是顶尖的》（You're the Top）是他的代表作之一。——编辑注

敢骄傲地喊出“我是最棒的”的人。

自小我就深深体会到，想要获得成功、登峰造极，唯有靠自己的努力。我明白追求必须完全靠自己，别人是不会为你伤神的。其他许多成功的企业家告诉我，他们也都秉持相同的信念。

一旦这样的信念深植你心中，你就算是准备好要采取行动攀上巅峰了。你对这些攀登巅峰的行动不仅要主动出击，更要游刃有余，精通它们。如此一来，你必当乐在其中，并且报偿丰厚。

无论你从事什么行业，你都可以攀上巅峰。你也可以尝试在其他行业获得成功；只要你愿意，没有任何禁忌让你不能在职业生涯中转向。要就地深耕，或另辟蹊径；实现当下的目标，抑或追求更高的目标，选择权完全在你手中。

举例来说，在我开始我的销售员生涯时，靠的仅是一部电话机、一本电话簿以及一张放在汽车经销店楼上无人角落里的布满灰尘的桌子。我就在这么艰困简陋的环境下出发，一步步采取行动迈向成功，并且最终精通成功的诀窍。

1966—1977 年，我创下了全球个人汽车销售的最高纪录。是因为我运气好吗？当然不是，**那是我智慧地工作的成果**。在退休之前，我总共卖出了 13 001 部新车，全都是在卖场零售出去的。有时单月的销售业绩甚至超过 170 部。光是 1973 年，我就卖出了 1 425 部。同样，**这些也都是我一部一部、费尽口舌零售出去的，而不是经由团购卖出去的**。这辉煌的成果使我名列《吉尼斯世界纪录大全》（*Guinness Book of Records*）。而且直到今天，这项享誉全球的纪录还无人能破。

可是如果真有那么一天，我将第一个走上前去，与这位打破我的纪录的销售员握手致敬。

如果我能，那么你也能

历史上有这么一说，曾经打败波斯帝国的马其顿亚历山大（Alexander）大帝，曾经因为世上已经没有地方可供他征服而哭泣。事实上，这个世界上永远存在许多新的领域，等待我们去开拓、去征服。

我就曾经改变了职业，开始从事写作。而我所写的 3 本书，出版以来一直非常畅销，销售量目前已经超过 300 万册。在《把任何东西卖给任何人》（*How to Sell Anything to Anybody*）、《怎样成交每一单》（*How to Close Every Sale*）以及《怎样打造个人品牌》（*How to Sell Yourself*）这 3 本书中，我只是将有助于我名列《吉尼斯世界纪录大全》的一些销售手法传授给读者。令人兴奋的是，我竟因此又在这一领域中攀上新的高峰。我又开创了崭新的职业生涯——成为一名国际演说家。

这世上还有其他领域等待我去征服吗？当然有。过去数年来，我面对过无数热情的听众，到过的地方包括美国、加拿大、澳大利亚、新西兰、许多欧洲国家、中美洲国家、马来西亚以及印度尼西亚。我再一次出发迈向人生另一个巅峰，希望将以往我一路行来学得的经验与精通的行动技巧传授给他人。我相信这些曾经在事业上给了我很大助益的行动技巧，也必然有助于你个人事业的发展。

我带给听众以及读者的挑战往往是：如果我能做到，那么你也能做到！但同时我也传达出了有些人可能不太乐于听到的信息，那就是，对于一心只想一飞冲天而不愿脚踏实地的人，我总是不断地提醒他们："你必须一步一个脚印地攀爬到巅峰，因为电梯在这里不管用。"这条挂在我办公室的标语也不时奉劝我，**凡事要有"爬楼梯"的精神**。

回顾的重要性

在攀登巅峰的几个精彩故事中，有一则是斯堪的纳维亚一家汽车经销店的业务经理告诉我的。数年前，我曾经在一场国际性销售会议上对一群企业总裁及经理人演讲。这位先生就坐在第一排，聚精会神地聆听我所说的每一个字，时而面露微笑，时而蹙眉沉思。

那天我讲了一个小故事。两名登山者在攀登阿尔卑斯山顶之际，一个在前，一个在后，中途停下来交换彼此的心得。走得较慢的那个人说，每当他到达山顶时，总会觉得自己很伟大。"往下看看那些坐落在山谷中的村庄，其他人都渺小得微不足道。他们像蝼蚁般爬行，而我就仿佛蚁丘之王。"另一名登山者则说："我一定会赢过你的，因为我知道一条其他登山者都不知道的捷径。我引以为豪的是我能比你们更快、更轻易地到达峰顶。这才是最重要的。"

这个故事的重点是什么？人们到达巅峰的时间各有不同，对于登顶后的满足感受也各异，如此而已。我既未提及在登顶过程中，我们该做些什么，或者不该做什么；也没有表示该秉持何种想法，或扬弃何种想法。

然而这个坐在前面的家伙注意到了，在会议结束后，他径直向我走来。就外貌来看，我猜他有四十好几了。他先自我介绍，然后说到他的嗜好，也就是最喜爱的运动，正好也是登山。这点很容易让人相信，因为他的被晒成褐色的皮肤和强健的体格，都说明他是地道的金发北欧人。他继续说道："吉拉德先生……"

"叫我乔。"

"好的，乔。我要说的是，每当我攀上巅峰时，我不会向下俯视地面的景物，也不会回头去看身后的其他登山者，除非他跟我是共用一条登山索的队友，因为此时我们是生死与共的伙伴。如果我回头看，那么只是为了确定我是站在某块凸出的岩石上，或是寻找每一个可以抓稳或踩实的地方。**我希望记住每座山曾给予我的启示**。我回顾必然是为了审视自己，因为我是唯一该对自己负责的人。这也是我做事的一贯态度。我不仅回顾所走过与熟悉的每一步路，而且也会往前看未来将要走的每一步。"

然后他看来轻松了些，还露齿一笑："乔，对登山者而言，不管用的可不是电梯，而应该说是缆车失灵了。"

我最痛恨别人说大话，尤其是在我还弄不清楚他话里含义的时候，所以我就问他："缆车到底是什么意思？"我在底特律贫民区长大，这个词在那儿可能是个脏词。

"就是在山的另一边往返山顶与山下的电动缆车。"

听到这里，我诚挚地向他贺喜，恭喜他能够在力求第一的同时，兼顾所迈出的每一步，然后给了他一枚“No.1”字样的金质领针。接着，我对他多说了一些演讲中没有提到的事情。我告诉他，美国曾有一位棒球好手，名叫萨切尔·佩奇（Satchel Paige）。据说他曾经说过一句话：“别往后看，前头可能有人要暗算你。”我非常不同意这句话。我告诉那位业务经理：回顾是很重要的，就像他在登山时或在工作中所做的。我还告诉他，我在办公室里摆了一张我 9 岁时在底特律的一家酒吧替人擦鞋的照片。在它的下面写着这么一句话：“永远不要忘记你是从哪儿来的！”

避免使用不正当的方法

我们都知道，这世上许多出类拔萃的人，他们所走的路可能跟我在这本书上所提到的任何一点都无关。你可能很轻易地就举出好几个例子，证明成功并不一定需要套用我的模式。有一句谚语是这么说的：你懂什么并不重要，要紧的是你认识什么人。事实上，那些不愿奋力上进的人往往把它当成借口。但你也不要误解我的意思，能够认识些位高权重的人也不坏，因为他们有一些门路，也有机会为你美言几句，对你有所帮助。这就是所谓的“关系网络”，而它并没有什么不对。但是吉拉德的建议还是有用的：**对于那些愿意自助的人，上天与关系网络能够发挥更大的助力。**

我相信你一定知道某些人之所以位居高位，是因为他们是老板的侄子或外甥女。至于那些因为娶了老板千金而鱼跃龙门的人，以及因出身名门、名校或参加某一社团组织而身价“水涨船高”的人，你又是如何看待他们的？

通过这些关系，他们通常会相互提拔，共同踏上通往高官厚禄之路。可是他们虽攀登巅峰，却不理直气壮。事实上，什么都抵不上靠自己努力获得的成功。

我不否认，有许多人以各种不同的方式达到巅峰或成名，或是得到恶名。只要读读坊间贩售的小报，就会发现一些不具天分的演艺人员是如何借由那些见不得人的方法大红大紫的。他们固然能因此蹿红，但往往需要好几年的时间，以及大笔钞票才能让过去那段不光彩的事迹从人们的记忆中淡出。

有些人之所以能够一步登天，是因为有所谓的“关系”，拿到他人把柄，或是靠着在背后暗算别人。如果你认识这样的人，我建议你把他们扫出你的生活圈子，越快越好。你最好相信，这些“上位者”的气数绝大部分都不会长久维持，因为他们赖以追求成功的方法，其威力是短暂的。

达成目标并维持成功

本书不仅要告诉大家如何策划迈向巅峰的步骤，还要传授给大家如何保持巅峰状态。可是别期望这一切会在一夕之间实现。要获得成功，需要缜密的准备、必要的知识与技能、合理的目标设定、准确的判断力、决心以及不断的自我提升。如果你觉得这些听起来似乎太强人所难，那我建议你把这本书丢开，或者借给朋友，要不干脆送给你的阿姨，好图个清静。

如果你不觉得这些条件太苛刻，那么我要恭喜你。请记住：以往我实践过的重要步骤，你也一样能做到，它们不仅可以带领你到任何想去的地方，同样也会令你充满成就感。

我将与大家分享我成功的秘诀，以及获得成功的主要方法。利用这些方法，你不但在事业上，而且在人生其他层面上也能获得成功。因此这是一本教你“如何去做”的书，详述了许多到达巅峰的重要方法与技巧，是从我自己的经验中浓缩的精华，并且从其他杰出人士的成功中撷取而来。我要感谢那些不吝与我分享成功历程的人，无论他们的成功是表现在事业上还是在个人生活上，他们的经历都能鼓舞我们。

袖中法宝

在本书中，我将从 3 个方面详细阐述获得成功的方法：

(1) 不论是为了实现事业的成功还是其他个人目标，都必须采取的行动；

(2) 我将这些行动运用在我的生活中，以及身为销售员、作家、演说家等职业生涯中的实际例证；

(3) 关于其他人在迈向事业或人生巅峰时如何规划与实践的例子。

精确掌握这些重要的步骤，将使你得以与名人为伍，比如曾任英国首相的第二次世界大战的英雄人物温斯顿·丘吉尔（Winston Churchill）；曾任美国总统的罗纳德·里根（Ronald Reagan）；创立报业王国的威廉·伦道夫·赫斯特（William Randolph Hearst）；一手拯救垂危的《纽约时报》（*New York Times*），并将其变为全球重量级出版物的阿道夫·奥克斯（Adolph Ochs）；世界上第一位女性太空人萨莉·K. 赖德（Sally K. Ride）；美国最高法院第一位女法官桑德拉·戴·奥康纳（Sandra Day O'Connor）；伟大的棒球员威利·梅斯（Willie Mays）；泰·科布（Ty Cobb）；诺兰·瑞安（Nolan Ryan）；等等。他们中的每一位以及成千上万跟他们相同的人，都是因为掌握了大部分甚至全部的重要步骤，才得以攀上巅峰，只是形式各有不同。

以下便是你将会学到的事情：

- 如何获得你意欲得到的高位的“敲门砖”，即如何清楚地将其界定并表达出来。你可以把目标看得更为清楚，就像使用一台高倍望远镜一样。
- 如何使你的目标具体化，清晰地勾勒出来，装裱起来，然后将它们悬挂在心中，好让你每天都看到它。这幅远景只属于你自己，绝非他人以数字制定出来的。我可以给你一些指引，但真正握住画笔的唯有你自己。
- 如何制定高而可及，并且可以衡量的目标及方针。当有明确的目标时，你必须学会问自己 8 个重要的问题，并且找到正确的答案。
- 如何自我挑战，勇敢地接受事业及生活上的风险，以及如何以如临深渊的风险换得回报。

- 如何在没有精神类固醇的支持下，踏实地增强你信心肌力的强度，即每天锻炼，以建立个人的自信与自尊。
- 如何始终记住自己是最棒的，并且每天向自己证实这一点。你不但会使他人承认你是最棒的，而且会令他人心悦诚服、不带丝毫妒意地敬重你。
- 如何对自己、对他人、对制定目标与方针保持信心，一心一意地着眼于高处，不在中途犹豫和彷徨。
- 如何确定你就是自己这艘船的船长，无论海上的风浪有多高，也不管海中有多少鲨鱼，你这艘船始终朝着既定的航程前进。
- 如何信守对自己以及对他人许下的承诺，使自己的生活“动”起来。
- 如何学习自律却不流于自虐。戒律是迈向巅峰的保险单。
- 如何筛选共同努力的伙伴，知道哪些人是你应该与之为伍的，哪些人应该断绝往来。
- 如何处变不惊，走在钢索上不跌落，游在水中不溺死。
- 如何不断享受丰硕的成果，并且继续寻找其他新的、值得攀登的高峰。

其他重要的建议

不要速读，即使你曾支付了高学费，掌握了速读的技巧，因为没有人能够在以赛车的速度浏览全书的同时深谙书中的特色与精义。因此，静下心来仔仔细细、认认真真地阅读本书，慢慢消化，才能窥得通往登峰造极之途的全貌。读后再把书放在一旁，一个星期不去动它，让它在你的心中慢慢酝酿和发酵。

接下来，再重复阅读这本书，每次只读一章，当你觉得可以了，再读下一章。

研读书中的每一个步骤以及每一种方法，不仅要知其然，还必须知其所以然。懂得它的基本原则后，才能学习如何将它们应用于个人的实际情况。

且让我告诉你我是如何掌握这些步骤，以及如何不断运用它们的。除此之外，我也要陈述别人是如何践行这些步骤，如何不断遵循这些业已证实的基本法则，并一步步迈向成功的。他人的范例往往是最好的老师，此刻你将分享我过去的经验，并使之成为你自己的。请记住，如果我能，那么你也能。

在阅读这些成功的方法与实例时，学学我的做法：用一支荧光笔，将你认为对你最有帮助的技巧标示出来。在将这本书读完一遍后，再将这些标示出来的部分仔细浏览一遍，那么第二次的阅读效果将好得令你难以置信。

现在，开始阅读吧！

第 2 章 勇于做梦

“我是个爱做梦的人，谁不是呢？”

这是一首流行歌的开头几句，而它所表现的除了诗意外，还有深意。英国抒情诗人珀西·比希·雪莱（Percy Bysshe Shelley）也写道：“……我们什么都是，如果我们梦想……”诗人常能一针见血地点出事实。我相信雪莱所说的：**梦想使我们的人生更加有意义。**

在我们周围有许多人认为，做梦的人都眼高手低。但我要说，他们错了。通常梦想愈大，成就也就愈大。这世界上有许多人敢做大梦，而他们的成就也高人一等，这皆因为他们深谙“勇于做梦”（dare to dream）的道理。

当然，我所谓的梦，并不是指你夜晚睡觉时所做的梦，更不是噩梦。那么是白日梦吗？也不是，尽管美国著名短篇小说作家、诗人埃德加·爱伦·坡（Edgar Allan Poe）曾经说过，那些在白天做梦的人能够察觉到许多在夜晚做梦的人所错过的事物。

就在此时，世界某处的某个人正在做梦，而他的梦想果真创造了他所追求的“巅峰”。但若只是做梦，就期望美梦会在你面前成真，未免一厢情愿。重要的是，你在勇于做大梦的同时，要采取行动。

聪明地工作以追逐梦想

我认识一个小伙子，他就是这么做的。他是从我的家乡密歇根州来的高中生，他告诉我他已经挨家挨户推销了许多东西，比如棒棒糖、字典、珠宝、蜡烛以及玉米罐头等。由于敢做大梦，这个十来岁的少年已经雇用了好几个朋友为他推销商品，现在他已经转向学校推销筹募基金的计划了。他的梦想是什么？是做个超级推销员。我确信他的梦想终会实现。他已经在一步一步地朝着自己的目标前进了，从蜡烛到玉米罐头到……谁知道会止于何物？可能是汽车、证券、房地产或是电子产品吧。

你也可以掌握这登峰造极的重要步骤：**勇于做梦。**我就是这么做的，下面我会告诉你如何积极且有效地做梦。一旦你采取了这个步骤，并且这些步骤对你产生了效用，你将会发现，以下许多步骤都是建立在这一步骤之上的。就像搭积木一样，你是一块一块地搭上去的。

本章开头我提过一首歌的歌词：“我是个爱做梦的人，谁不是呢？”而另外还有一首流行歌曲《睁眼梦》（With My Eyes Wide Open I’m Dreaming），我称之为“**清醒地做梦**”。没错，我是清醒的，但为使这个方法发挥最大的功效，纵使我是清醒地做梦，我还是双眼紧闭。

绘出心中的想象

描述心中所想的过程被心理学家称为影像化（visualization），但影像化在我的字典里是个不容易理解的词，所以我宁可称之为“绘出心中的想象”（painting think-pictures）。要让梦想实现，这是个有效的技巧。针对不同的需要，它可以被运用于不同的情况，而且可以帮助一个人减肥、戒烟、缓解压力、建立信心或增强意志力等。

当然，这并不是我个人独创的理念。我只是将法国哲学家勒内·笛卡儿（René Descartes）的理念演绎而来。笛卡儿认为，一个人只有在心里有所思的时候，他的身躯才真正存在。被尊称为现代哲学之父的笛卡儿，将他的信念以一句“我思故我在”（I think，therefore I am）表达得很清楚。然而我还借用了笛卡儿的其他一些东西。他无论在哲学范畴，还是在科学、数学领域，都是按部就班、一步步脚踏实地地走出来的。我只加上了“电梯不管用”的论调，因为在他那个年代还没有电梯。

很多人会告诉你，影像化这个理念已经存在多年了。他们说的没错。可是当我告诉他们我称这个技巧为“绘出心中的想象”时，他们若也说这已经存在多年，那么他们就错了。

在我跟他们说“想到”这个字眼时，大多数人会以为我指的是那些在办公室、商店、更衣室墙壁上所张贴的标语，或者各式各样的汽车保险杠贴纸上的文字。你记得这些吧？每次我看到那些标语与文字都会笑出来，因为其中的大多数太搞笑了。可是除此之外，就什么也没有了。

“想想春光的妩媚！”

“想想瘦身后的轻盈！”

“思想要恢宏！”

“想想白雪纷飞的样子！”

“想象获胜的喜悦！”

有些人还故意把单词拼错以制造“笑果”，或者故意扭曲它的意义。这不过是文字游戏罢了。我只是很好奇，想出这些单词来的是何许人也。

而光看这些单词的字面意思是不够的，你必须能够看到它们背后所代表的实质意义，并且将它在心中以图像描绘出来。勇于做梦，然后勾勒出那幅图来。譬如说在心中呈现出获胜、下雪的影像，身材苗条或享受春天气息的景象，或你的某个梦想终于实现的景况。

过去，你并不知道你能够这么做，对不对？

那么试试这个方法。找个时间及角落让自己独处一下，像是无人的办公室、自家的某个房间、庭院的一角，任何能够使你放松心情、不被打扰，能够闭上眼睛的地方。尽量让自己感觉舒服，你可以坐在椅子上或地板上，甚至坐在草地上，然后闭上双眼。想象你面前的画架上有张画布。双眼依然闭着，想象自己正拿起一支小型的画笔，沾上油墨或水彩，然后勇敢做梦，并且把它画出来。在这个过程中，你的双眼始终紧闭，专心在画布上作画。如果你愿意，你也可以刮去颜料，等你想画时从头画起。不论你梦想什么，尽管去想象它、看到它，并且身临其境。

《圣经》旧约中的箴言记载着："当他心中有所思，他便存在了。"这个观点比笛卡儿的早出现了五六千年之久。而在我攀登巅峰的过程中，我偏好以这样的说法表达：**透过心眼所看到的自己，就是最真实的自己。**

这个法则的效果可以正面，也可以负面。举例来说，如果你以负面的角度来看自己，譬如一个输家、失败者、人老珠黄人、泛泛之辈，或者不学无术人，那么你很可能就是这样的人。哇！那你可真该想想办法，力图改变这些了。是你除去所有的负面因子，凸显正面因子的时候了。

让我告诉你我在这一生中，奉行这一法则的两个实际例证。我是以积极正面的态度来运用它的。

我心目中父亲的画像

在我还很小时，与我同住的父亲总是不断数落我，说我永远成不了什么大器。现在看来，他这种负面的态度却成为激励我迈向成功的主要动力。当然，我也很清楚，我的动机其实也只是单纯的"我要做给你看"。报复并不是一个很好的动机，尽管如此，我还是用了。现在这苦涩的回忆对我来说已经过去了，我反倒时时感谢逝去的父亲对我的影响，虽然它是负面的。

我在 1963 年开始销售汽车时已经 35 岁了，对自己充满了怀疑。当时的我刚在房屋建筑生意上失败，似乎是最能验证我父亲断言我成不了大器的时期。

就在我开始卖汽车后不久，有一天下班后我独自坐在办公室，让自己完全放松，将尘世的一切都抛在脑后。这时我闭上双眼，然后在画架上放上画布，拿起了画笔。当时并没有人告诉我该这么做，或者该如何做，所有的想法就像一般人所说的那样，时间到了就自然而然冒出来了。

我开始素描，画的是我的父亲，不是我自己。在这幅画里我完全看不到自己，看到的却是我那错得离谱的父亲，只见他垮着一张脸，嘴里念着："乔，你绝成不了什么大器。"每天我都凝视着那幅画，心中感受到将来的某一天，当我证明他错了的时候所感受到的欢愉。虽然开始的动机并不正确，但我仍然梦想成为一位成功的销售员，依然全神贯注于我父亲的画像。奇妙的事情发生了，我的汽车销售成绩开始直线上升。

尽管如此，但你总不能闭着眼睛度过一生，所以你要做的下一件事，就是将心中想象的景象变成事实。我的做法是将我父亲的照片装裱起来放在我的办公桌上。如此一来，原本心中的想象就成了实物。我全神贯注于此，它每天都使我"要做给他看"的决心更加坚定。

这个方法真的发挥了功效。3 年后，我在 38 岁的时候达到了人生的巅峰，成为全世界顶尖的零售销售员。突然之间我领悟到，其实这几年我所卖出的几百部车，并不是卖给那些车主的。**我所卖的每一部车，全卖给了我画像里的父亲。**

专业人士的想象画

利用这套方法，我进一步提高想象画的技巧。为了刺激我的销售业绩，我开始从报纸杂志上剪下一些超级汽车销售员的照片，他们都是这方面的专业人士，也是纪录的保持者。我把这些照片钉在办公室的墙壁上。我的同事对此总是感到惊讶，但我始终没有把这个秘密告诉他们。相反，在我不受干扰的时候，我就坐下来，合上双眼，拾起我的画笔，开始作画。这次我想象的是打破他们的销售纪录，一心只想确定我的名字被列于《吉尼斯世界纪录大全》上。

我极力搜寻所有顶尖的销售员，刚开始以我工作的经销店附近地区为范围，接着是邻近地带，再扩大到整个地区，最后是全美国甚至全世界。但**这些销售员没有一个知道，在我的想象画中，我其实是把车卖给了他们**。

前面我曾经提过，在我的生活中有两个利用想象画的技巧，使我勇于做梦，并且让美梦成真的例子。接下来这第二个例子，则与我庞大的身材大有关系。

胖子的想象画

多年前我看自己简直就是一团肥肉，但却甘于保持现状。当时的我确实很胖，身高 5 英尺 9 英寸，体重却达 207 磅※，虽然还称不上痴肥，却不折不扣在朝着这个方向发展。对销售员而言，外形是非常重要的，而我的外貌却完全不符合要求。

工作时我通常坐在汽车经销店展示室的一端，因此常常听到来看车的顾客问其他销售员："我找乔·吉拉德先生，请问他在哪里？"每当我听到同事对顾客说"吉拉德就是那边那个胖子"时，我就满肚子不高兴。于是我决心想办法。

我必须减少 50 磅※※的肥肉，于是它成了我当时追求的另一座"高峰"。我开始节食，但毫无成效。我又买了卡路里计算器，但也没有帮上什么。接着我在浴室里添购了一个磅秤，可是每回我往上一站，我都发现指针所指的数从未往下降一点儿。我也做运动，但不管一天做 12 个还是 24 个仰卧起坐，都未见任何起色。

最后我采取了杰克·拉兰纳（Jack Lalanne）的建议，他是我在一次金盘奖（Golden Plate Award）酒会上遇到的健美先生（在本书第 15 章，你会读到杰克成功的故事）。他对我说："原来你就是那位世界上最伟大的销售员。"他把我上上下下打量了一番，告诉我他很欣赏我的专业销售技巧。他同时还说，脖子以上的我长得蛮好看的，但脖子以下很丑，实在有必要减去一些脂肪。

他说的当然没错，但让我难过的是当时他是当着一屋子人的面这

※　5 英尺 9 英寸约合 175 厘米，207 磅约合 94 千克。——编辑注

※※　50 磅约合 23 千克。——编辑注

么说的，其中还包括我现在已逝世的好朋友洛厄尔·托马斯（Lowell Thomas），托马斯是世界上第一位收音机播音员，同时也是著作等身的作家（在本书第 16 章你会读到洛厄尔的故事）。杰克给了我一些运动以及节食的妙方，外加一句忠言。他说，除了饮食和运动，你还需要其他。他指的是自我形象。

几天之后，我在沐浴后从镜子里端详自己，我了解到镜子里的那个人是真实的我，但不是我所希望的模样。我很清楚，减轻 50 磅只是我一厢情愿的想法，我必须在心里存有目标达成后的画像。

我坐进一张很舒服的椅子，让整个人完全放松。我独自一人，把全世界都抛在脑后，然后将双眼闭上，在画架上竖起画布，拿起一支画笔，开始画出自己所希望的模样。事实上，在那之前还没有任何一位医生因为健康的理由要求我减肥，但杰克·拉兰纳说我脖子以下看起来很丑，想来已经是相当坦白的了。我画这幅想象画的动机，只是希望自己看起来能顺眼一些。于是我画了一个苗条、整洁、肌肉健壮的乔·吉拉德：我的另一个大梦。

就像我先前说过的那样，这个信念就是**勇于做梦，然后通过智慧地工作（work smart）让梦想实现**。从那时起，我每天起床后的第一件事就是坐下来闭上眼睛，然后一心一意地想着自己创造出来的苗条的我。靠着这幅心眼所见的画像，我节食、做运动，而这一切努力开始以某种难以解释的神秘方式发挥作用。想象画再度成为事实。

之后，我又开始为想象画中苗条的我穿上剪裁合身、质感很好的新西装。我还给这套西装搭配了上好的衬衫、领带和鞋袜，全身上下搭配得非常合宜，而且这套西装的尺码比我天天穿在身上的都要小。为了让梦想再度成为现实，我真的跑去购买了这些行头——一套新西装、衬衫、领带、袜子、鞋子。这些衣物就跟想象画里的一模一样，而且尺寸比我当时穿的都要小上好几号。我把西装挂进衣橱，把衬衫、领带、鞋袜都收好。

这套新西装成了我一项持久的动力，就像促使我拼命销售车子的父亲画像，以及其他专业销售员的照片一样。不久，我与我的想象画之间的距离更近了。最后我的身材终于缩减到可以穿下那套西装，而且之后一直保持至今。

有些人可能会跟我争辩，说只靠节食和运动也可变出相同的把戏，根本不需要画出构想身材的想象画。他们说的或许对，或许不对。

凸显正面的部分

记住，要勇于做梦，而且要做大梦，然后为你的梦想勾勒出一幅想象画，将它以一种彩色电影的手法画进你的心里。在你的想象画里放入一些与你的梦想有直接关系的重要东西，它可以是一个具体物件，比如一幢房子、一部汽车、一个车队、一家银行、一艘帆船或是不同于你的某个人，也可以是不具体的东西，譬如抽象的想法、念头。

然而，你的想象画里是容不下负面形象的。如果你在构筑梦想的同时，又想着万一不能实现怎么办，那么你的梦想绝不会成真。**一旦你勇敢做了梦，就没有“如果……怎么办”的疑虑存在的空间。**

我相信费迪南·德·勒塞普（Ferdinand de Lesseps）绝不会说，如果苏伊士运河不能容纳足够的水怎么办？罗伯特·富尔顿（Robert Fulton）也不会说，如果我的热气球爆了**怎么办**？所有的想象画都必须是正面的。你必须画出成功，画出胜利！

然后要把这幅想象画始终留在心中，你终究可以将它转变为事实：衣橱里那套还穿不下的西装；一直渴望拥有的汽车或小飞机；能让你念念不忘想要拥有并经营的园艺公司。无论它是什么，绝不要让这幅想象画在你的心中褪色。

希望与梦想之间有条明显的鸿沟，而梦想与实践之间的鸿沟更大。许多人对着星星许愿，那没什么不好，也挺有趣的，但除非你真的去追寻，否则一点意义也没有。换句话说，为了实现你的梦想，你必须做点儿事情。

构筑空中楼阁、不断仰望星空都是有趣的事，但如果你不脚踏实地去做，那么这一切都只是浪费时间而已。当你大胆梦想、勾勒梦境、绘出想象画之际，你也要确定那些都是可能实现的目标，而不是不切实际的幻想。

我是个爱做梦的人，谁不是呢？

第3章 知己所止

任何一位优秀的汽车销售员都知道，或者说都应该知道，为有意购车的人示范驾驶的重要性。如果产品解说很成功，那么示范驾驶就是蛋糕上的糖霜；而如果产品解说不够精彩，那么示范驾驶就可能补其不足，保住这笔生意。

因此，汽车制造商与经销商往往会使出各种奇招，鼓励销售员积极为每个想买车的人示范驾驶。经销店也会通过广告也千方百计诱使客户上门去试开车辆。不论你是有销售经验的人，还是曾经买过新车的人，你应该都能了解我的意思。

可是有太多的销售员根本就跳过了示范驾驶这一道，还振振有词地反驳："谁需要靠它来成交？"而另一方面，想买车的人也只有极少数会开口提出这个要求，虽然他们应该这么做。许多销售人员只是把钥匙交给顾客，说："嘿，带这个宝贝沿街绕一圈吧，看看满不满意。"然后就丢下客人单独面对那辆新车，自己则回到经销店里，在咖啡贩卖机前聊起天来。客人是得到了开这辆新车的机会，但没有得到应得的示范驾驶解说。

许多销售员也确实跟着买车的人坐进车里一同上路，让客户享受这段路程，并且看看这辆车如何操控。可是只过了 5 分钟，他们便开回了经销店。这种情形我称之为半套的示范驾驶。

名副其实的“示范驾驶”是有计划的。销售人员必须知道，为了这场示范驾驶，也为了达成交易，他们应该将车开往何处。销售人员要很仔细地规划路线，将高速公路、商业区、住宅区等一一纳入，如此才能在拥堵或畅通等各种不同交通状况下示范车子的性能。同时销售人员也可以选择有弯道、路面不平、必须停车、有红绿灯信号标志的道路，好让想买车的人真实地感受到这辆车在行进过程中的马力，在崎岖路上是否平稳、如何转弯以及如何刹车。除此之外，一名优秀的销售员还会跟客户互换位置，让他们亲自驾驶，这也是计划的一部分。这才是有智慧的做法。

确切地知道该往何处去，是汽车销售员在示范驾驶过程中的关键因素。同样，这对任何一位想要迈向巅峰的人来说，也是重要的一步。

一艘无舵的船

或许你的目标始终难以达成，似乎有点偏离正轨，仿佛笼罩在迷雾中。或许你不知道该如何掌控它。

这十之八九是因为你还没有对你的“巅峰”下个明确的定义，还未将它明白地描述出来。你可能对自己想要去的地方一直只存在一个模糊的概念，只知道某一天、某一处、某种方式，却都不明确。这就像是一艘无舵的船在航行。你还记得父母和子女间的对话吧？它就像这样：

父母：你刚才到哪里去了？

子女：出去了。

父母：做什么？

子女：没做什么。

很不明确，对不对？事实上，有许多成年人就像这个例子里的小孩一样，玩着“出去了，没做什么”的游戏，还一直奇怪为什么他们的“巅峰”总是这么遥不可及。那是因为它根本不在那里！

当我年纪还小、住在底特律贫民区时，我记得母亲每回唱起一首名叫《美丽的岛屿》（*Beautiful Isle of Somewhere*）的歌时，她的眼睛总是眺望着远方。我知道她正梦想着某个遥远的地方。我不知道在她内心深处是否曾经到过这么一个不知名的小岛。虽然我希望她去过，但我很怀疑。

然而对于下面这段话，我却不曾怀疑过：在今天的企业界，你的“巅峰”，也就是你对个人成功的认知，最好有个比“某处”更加明确的定义。

我们不妨想一想，对于生活中各阶层的人，生意上的伙伴也好，私人朋友也好，界定他们是否成功的目标有许多种。其中某些目标可以被定义为确切的巅峰，有些则是在攀登巅峰的途中得到的副产品。

大多数人如何看待成功

对许多人而言，成功就代表金钱：

- 许许多多的钱，如一大笔丰厚的财富，高额的周薪、月薪或年薪，外加奖金、红利；
- 持续的赚钱能力；
- 高收益的投资以及大量的绩优股票；
- 瑞士银行的账户；
- 有能力得到心里想要得到的任何东西，包括美国联邦政府储藏黄金的诺克斯堡；
- 有足够的钱解决任何金钱方面的问题。

不错，对大多数人来说，拥有金钱是非常重要的，譬如它可以为你带来物质资产：

- 在风景优美的广袤土地上，拥有一幢漂亮的南非式或牧场式房屋，或是在湖旁或河边的森林中，甚至在峡谷里拥有一间小木屋；
- 拥有令人羡慕的家具摆设、古董或艺术品；
- 车库里摆着一辆（可能两辆）高档的国产车，车道上再摆上一辆纯粹用来炫耀的高级进口车；
- 拥有码头上的一艘快艇或者游艇，或者两者都有；

- 拥有私人飞机；
- 拥有名家设计的服饰、昂贵的珠宝；
- 在国内外各地购置了不动产。

对某些人而言，拥有许多物质资产是成功的标志，因为那会为他们带来声名：

- 在你的圈子里享有声名，即使是恶名；
- 拥有荣誉与学位；
- 无论到哪里都有人认识你；
- 应邀为一些重要的团体发表演说；
- 一个接一个的社会活动竞相邀约你出席；
- 成为运动竞技场上、军队或是子女心目中的英雄。

而对某些人而言，拥有一个众所周知、人人羡慕的名头就是最重要的事了，因为它代表着拥有掌控他人的权力：

- 拥有自己的事业，可以发号施令，同时还可以享受这份独立性；
- 当上经理人、主管、领班、连锁店店长、采购经纪人、资深编辑；
- 当上教练、裁判、童子军团长或是在游戏场上发号施令的裁判员。

对许多人来说，掌控事物的能力就是衡量成功的主要标准。以上所举的例子是多数人所认为的巅峰，但大多其实只是徒有其表。

拥有好东西并无不对

有钱没什么不好，我相信你喜欢拥有它，我也一样。还记得舞台音乐剧及电影《屋顶上的小提琴手》（*Fiddler on the Roof*）里面的那首歌吗？我们都会毫不羞愧地对自己高唱："如果我是有钱人。"当我们列举出一大串"一旦成为有钱人，我要如何如何"时，往往也会兴奋不已。

我小时候，家境非常贫困，但是当时我并未感受到，因为我的母亲非常善于理财，总是能利用父亲和我努力赚得的那点微薄的薪资，让收支达到平衡。

我还不满 10 岁时，就在密歇根州底特律酒吧和沙龙里当擦鞋童，所赚的钱虽然不多，但一分一毫都对我的家庭非常重要。当时我就已经懂得运用头脑工作。我可以用一小块破布，就把一双鞋擦得闪闪发亮。当然，我也像其他小孩一样，喜欢偷溜出去玩。可是我父亲不喜欢这样，他是只知工作不娱乐的人。就像我先前说过的，他因此总是再三地贬低我。

乔，你只是个小混混，没用的人。你一辈子都没出息。一天到晚只晓得贪玩，永远赚不到什么钱。你一辈子都是个游手好闲的小混混。

我想我父亲之所以总是这么说，是因为他以为我不知道他所知道的事实：金钱是自有比萨以来，生活中最重要的东西。他错了。事实上，那时我已深知“有钱能使鬼推磨”的道理。我知道家里要我帮忙养家，所以我设法赚进每 1 美元，但同时不放弃任何找乐子的机会。

如今，当我对一大群销售员、经理人与总裁发表演说时，我经常告诉他们这则故事。我告诉他们，我父亲说的一点儿也没有错。我已经证实了他的话。我并不是自始至终都在工作，我依然喜欢找乐子，依然喜欢游玩，依然是个游手好闲的家伙。但是最后我会加上一句：“我是个有钱的家伙！”

拼命赚钱，拥有大量财富没什么不对。还记得《圣经》上说的吗？一切罪恶都源自对金钱的依恋，而非金钱本身。

至于物质资产，为什么不能拥有？我确信你一定非常乐于拥有它们，我也一样。我钟爱我的房子、屋里的家具摆设、车子以及活动屋。过去我还一直乐于拥有一艘豪华游艇，可是因为我的家人会晕船，我只好跟游艇说再见了！

我钟爱那间专门摆放我到世界各地做生意以及旅游时所收集的各种收藏品的储藏室，里面包括：出品 50 年却依然可以运转的自动唱片点唱机、蒂芙尼的台灯、名人签名照、幻灯机、一条真的理发椅以及理发店的招牌红白柱子、各种乐器、一条蓝色马林鱼的标本以及各地的汽车牌照。当你想到现在所拥有的或是希望拥有的（或是羡慕别人所拥有的）财产时，请记住《圣经》也警告过我们：“你的宝藏在哪里，你的心就在哪里。”

在力争上游、攀登巅峰的同时，要确定是你拥有物质资产，而不是物质资产拥有你。举例来说，我的一位朋友很怕旅行，因为他害怕出门以后，小偷会上门偷走他的真迹油画、昂贵的立体声音响、宽银幕的投射电视、高科技的摄录放影机，以及他精心收藏的大量当代以及古典的录影带、许许多多的激光唱片、数千册的初版图书［其中最珍贵的，要数 19 世纪创作《红字》（*The Scarlet Letter*）的美国作家纳撒尼尔·霍桑（Nathaniel Hawthorne）的许多著作］。虽然他已经为所有重要收藏购买了保险，但是其中许多收藏品仍是无可取代的，因此我可以理解那位朋友为什么放心不下。我的朋友坚信他拥有许多无价之宝，但事实真是如此吗？还是这些收藏拥有了他？你可能更相信是后者吧。

声名呢？拥有它也很好，也没什么不对。譬如我们都很景仰海湾战争中被誉为“风暴诺曼”的施瓦茨科普夫（Schwarzkopf）将军，就像过去我们钦佩第二次世界大战的德怀特·D. 艾森豪威尔（Dwight D. Eisenhower）将军、道格拉斯·麦克阿瑟（Douglas MacArthur）将军一样。此外，我们今日以球员奥雷尔·郝希泽（Orel Hershiser）为荣，一如过去为米基·曼特尔（Mickey Mantle）以及罗杰·马里斯（Roger Maris）等人欢呼。我们认为罗伯特·雷德福（Robert Redford）、凯文·科斯特纳（Kevin Costner）是如今最棒的电影明星，就像多年前人们崇拜克拉克·盖博（Clark Gable）以及加里·库柏（Gary Cooper）一样。现今的麦当娜（Madonna）拥有数百万歌迷，而昔日的玛丽莲·梦露（Marilyn Monroe）在她演艺生涯中的名气更大。声名永远是人们所珍视的。

大家希望被世人如此看待，是很自然的事。我相信你会喜欢那种感觉，我也不例外。当《积极思考就是力量》（*The Power of Positive Thinking*）的作者、已故的诺曼·文森特·皮尔（Norman Vincent Peale）博士为我的《怎样打造个人品牌》一书写前言时，把声名借给了我。他写道："我知道乔·吉拉德会帮助你，因为他经常帮助我。"我非常感激他，永志不忘。

我喜欢接受演讲或研讨会的邀约。有人要求我在书上签名时，我非常高兴。此外，我也乐于见到自己荣列《吉尼斯世界纪录大全》。在你一步步迈上巅峰时，你会发现自己已经赢得了一定的声名。这很好，只要你能以平常心视之，我的意思是不要被它冲昏了头。你应当知道，一旦你自视功成名就而自我膨胀起来，人们就会说：那家伙已经不行了。

声名鹊起，人人都知道你的名字，这是很有成就感的。有人曾经说过，一个人的名字一生中只有两次登报的机会：一是出生时，一是死亡时。不要相信这句话。如果你能免于任何丑闻或者流言，只要登报是反映你难能可贵的成就，那么就尽情享受你的声名吧。

有时少即是多

金钱、财产、声名全都很好，它们是你成功的象征。但金钱、财产、声名以及掌控他人的权力，对某些人来说却毫无意义。对他们而言，世界上还有许多看似不起眼的事物同样可以被看作成功的象征，而且与金钱、财富、声名等并无相似之处。

- 将子女教养得很好，每个人都是社会上守法、有用的公民；
- 得到一份奖学金进入大学，获得学位，或者只是再回到学校完成高中学业；
- 对所居住的社区有所贡献，每当社区需要人手时，无论是地方事务、教堂工作，还是一些义务劳动，都能积极参与；
- 对退休后的生活有所规划，好好享受退休生活，同时体验退休后的悠闲和乐趣；
- 维持健康的身体、清晰的头脑，节制饮食、时时运动，遵从医师的指示。

最后这一点是我书中一定要提到的。每年我都做健康检查，还会在自己的健身房中努力锻炼，我现在腰上的赘肉已经比前几年少了许多。其实如果你的目标是保持好身材，那也很好。强健的体魄，倒不需要健美先生那样的身材，在本书中代表另一种成功。你可能会很惊讶，如今有许多企业已经为它们的员工提供了健身设施，因为它们发现，运动不仅可以使员工工作得更带劲，而且可以使他们工作得更有智慧。

现在你可以发现，**人们对于成功的定义不尽相同**。我就认识一位企业家，他宁可放弃加薪，只要他办公室的门上能够挂上“副总裁”的牌子。这就是他的巅峰，他努力攀登到了那里，而且乐在其中。

此外，对一位全心全意为教育事业做奉献，但所得与付出不成比例的老师而言，能将这个世界展现在学生眼前，可能就是他全心希望的成功。我相信你一定遇到过一两位这样的老师。至于保护地球的森林资源、维护地球水资源的洁净、减少空气污染等，则是环保人士全力追求的成功。

在医学上寻求突破，譬如发明癌症的新疗法，或者借由一项移植手术挽救人类生命等，可能是人类追求的最大成功。而商业知识的重要性与医学技术相当，因为商业所能节约的成本，可以是天文数字。

因此，世界上有各式各样的“巅峰”，不是吗？这就是要明确地定义巅峰，将追求的理想缩小，确切地知道自己的方向如此重要的原因 。

确切地知道自己的方向

你喜欢谜语吗？我喜欢。下面是我相当喜欢的一个谜语，我想它的年代已经非常久远了。

当我前往圣劳伦斯时，

我遇到了一个人，他有7个老婆，

每个老婆有7个大袋子，

每个大袋子里装有7只猫咪，

每只猫咪都生了7只小猫。

算算共有多少人要前往圣劳伦斯？

许多人听到这个谜语，就会去数所有的“7”。既然从现在开始你要智慧地做事情，你就一定不会费心去数，因为你知道只有一个人要去圣劳伦斯。出这个谜语的人显然也知道他自己的方向。

但在这个谜语里没有提出，也没有给出答案的问题是："为什么"那个人要去圣劳伦斯？他期望在那里得到什么？那是不是他所追求的巅峰的一部分？关于这个人我们所能说的只是他知道自己要去哪里。而这一点是他值得骄傲的地方。

你可能会很惊讶地发现，在我们的生活当中，各种阶层、各种行业里竟有这么多人对自己要走的路茫然无知。我这里所说的，不是指那些人不知道他们是要上街、去工作、回家、去海边、去球场还是去打台球，而是他们不知道事业以及生命的方向与目标在何处。如果他们不能回答要往何处去、追求的又是什么样的巅峰，那么他们永远无法一步步有计划地走到目的地。而你不要像有些迷失方向的人一样，你要知道自己要走向何处。

在演讲结束后，我有时会问观众，或是拦住朋友、同伴或餐厅的服务生问道：**你的人生与事业目标是什么？你敢做大梦吗？你的人生大梦会带给你什么？**

在提出这些问题时，我看到的往往是对方一脸奇怪的表情，他们的回答也像是难懂的外国话，我并不是说他们讲的是法语、德语、意大利语或波兰语，尽管这也时有发生。我只是听到："嗯、啊、哈……"这些话的意思就是："老实说，我并不知道要往何处去。"

前往无处之处

你要去哪里？去某个地方。即使你不知道前路何在，终究会在某个地方停驻，我称之为“**无处之处**”，也就是哪儿都到不了。

事实上，只有你自己可以决定想要攀登的巅峰。在举步向它迈进之前，你必须下定决心，确立目标，盯住它，抓紧它，不让任何事物遮蔽它。虽然我不能为你选择目标，但我可以传授你一些重要的方法，其中之一就是**要明确地知道自己的方向**，非常明确。

先仔细想想，然后自问：在一生当中，包括职业生涯、学业、婚姻生活中，有什么东西是我非常渴望、想亲身尝到滋味的？在我的一生之中，我也曾几次自问，尤其在我面临事业转折之际。如果你对于事业、人生的期盼非常殷切，那么你必须确定它将会带给你甜美的滋味，而非苦涩的滋味。

我曾经想成为一名成功的建筑商，我也尝试了，得到的却是一场苦涩的失败经历。之后我又希望成为一名成功的销售员，这个念头是如此的强烈，使我不顾一切想实现。这次我所得到的是成功的甜美滋味，可以微笑面对的滋味。

我的家乡附近有座圣方济修道院，我认识里面的修道士已经多年，其中有一位是现在已居高职的索兰纳斯（Solanus）神父，当时他还是一名小牧师，是他使我不至于沦为少年感化院的一员。他还教导我，明确知道自己的期望与一厢情愿的想法是两码事。他的话我从来没有忘记过。你家附近可能没有一座圣方济修道院，所以我让你借用我的经历，连同索兰纳斯神父的建议也一并借给你。

多年前的一个圣诞夜，他对我说："乔，对自己所期望的东西要很小心，因为你很可能会得到！"我当时很困惑，因为我觉得如果能得到我想要的东西，那一定非常快乐，何来小心之理。我花了很长一段时间才明白他话里的含义。**愿望是有可能实现的，但如果愿望许错了，它的应验却可能把你带到无处之处。**

因此，要确切地知道自己的想法，确定你的巅峰何在，然后采取正确的步骤攀登到达。不要只是期望到达峰顶。期望、盼望、欣羡、憧憬、期待都不能让你到达梦想之境。

多年以后，我的建筑事业失败了，我这才明白自己当初并不真正知道自己要往哪里去。我忆起了那位好心神父的话，下了新的决心，而它成了我人生当中一个重要的转折点。

在我办公室的墙上挂着一条标语，上面写着：

生活的秘诀就是知道自己想要什么，把它记下来，然后全心全意使之实现。

我不仅将这条标语挂在办公室的墙上，还把它挂在我汽车的遮阳板上。

另外需要注意的一件事是，你要等一步步抵达自己选择的巅峰后，才开始另一个领域的追求。如果你同时追求太多巅峰，结果极可能只是白忙碌一场，什么也没得到。

变换跑道的权利

这是不是表示你不能改变心意去追求其他的巅峰？当然不是。一旦你到达某个巅峰后，你能由这个巅峰转而追求另一个巅峰吗？当然能。

我的同乡亨利·福特（Henry Ford）曾经是位成功的手表制造商，在当时可以说已经有着令人刮目相看的事业了。但他却变换跑道，成了全世界最成功的汽车制造商，而底特律也因此为世界装上了轮子。

莱特（Wright）兄弟在制造脚踏车以及经营他们在俄亥俄州的脚踏车店方面也很出色。可是他们依然努力研究，设法为车子加上翅膀，为世界带来了飞机。

世界各地不时有人由一个巅峰转到另一个巅峰。以我个人为例，从销售员到演说家再到作家。稍后，我还会告诉你一位顶尖发型设计师如何转换他的巅峰的故事。如今他已拥有价值数百万美元的美发成品经销网络。这个故事保证会让你有醍醐灌顶之感。

我还会告诉你另一位我认识的朋友是如何从自制意大利面酱装罐起家，然后拥有一家营业额达数百万美元的食品企业的故事——噢，不，我不是指保罗·纽曼（Paul Newman）。他们每一位都是一步步精心规划成功之途的，在本书中，我们所讲授的一部分即是他们成功的经验。

第 4 章

为成功设定目标

十来岁时，“goal”（球门、目标）这个词对我来说只代表一件事：过线得分。那时底特律的大街小巷都是我们的游乐场，足球场也相当简陋，而我跟朋友踢美式足球时从来没用过“攻线前进”之类的时髦术语，更没有前锋、后卫之分。每场比赛都是一阵扭打，开始时大家拼命抢球，然后以打架作为结束。我们玩的足球是邻居一位小孩的，因此当他拿起球回家去，或是街灯亮起时，便是游戏结束的时刻。

我们的比赛战术从来没有复杂过，只知道这种比赛就是要过线得分。但成人想要达成既定的目标，就需要非常明确周详的比赛计划了。没有一套计划，你的过线得分之途将让你倍感艰辛。人生之途处处荆棘，所以更需要一套包含各种步骤与策略的比赛计划，好让你成功地排除障碍。

例如，曲棍球会在球网前设置一位守门员阻挡对方得分。问问曾经在埃德蒙顿的油工队（Edmonton Oilers）、现在在洛杉矶国王队

（Los Angeles Kings）效力的国家冰球联盟（National Hockey League）好手韦恩·格雷茨基（Wayne Gretzky），是什么使得他能够击出冰球，越过守门员这关而射球入网的。至于足球比赛，你可以问问世界公认最伟大的足球运动员贝利（Pelé），这位巴西球员在比赛场上踢进的球超过 1 000 个，如入无人之境。

在攀登巅峰的路上，你也必须沿途制定各项目标，全心全意达成它们，如入无人之境。我就认识一位游艇销售员，他的展示室就在圣嘉利湖的码头边上，离我住的地方只有一箭之遥。他是独生子，而且单身。他就跟我说过，当有障碍或者守门员挡在目标前面时，他就穷追猛打，直到他们跪地求饶，喊他叔叔为止。他说："因为我既无侄子，也无外甥，这是让我当叔叔的唯一方法。"这个方法对他很管用，也是整个故事的重点。

当你朝自己的巅峰前进时，设定目标是很重要的步骤。而在整个竞赛计划中，你该将这些步骤细分成许多较小的步骤。无论你从事什么行业，追求的巅峰是什么，你制定目标与达成目标的原则与策略都是一样的。

写着"49"的牌子

接下来我要解释所谓"将目标细分成许多小步骤"是什么意思。多年来，我在汽车经销店的办公室墙上都挂着一个牌子，上面写着"49"。就这么多。

同事、经销商、顾客或来看车的人看到我那个牌子，都会对着它注视一会儿，然后忍不住问道："乔，这个'49'是什么意思?"而我总是笑笑，什么也不说，让他们继续猜。这是我个人的秘密。事实上，这个"49"是用来不断提醒我要为自己给人生制定的两个重要目标努力的。

1977 年的圣诞夜，我召开了一场记者招待会。其实那只是让几位清楚我的辉煌销售业绩的当地记者挤进我的办公室，而我只不过换了个时髦的说法。其中几位便问道："乔，这个'49'代表什么?"

我说："我已经 49 岁了，这块牌子就是用来提醒我多年前为自己设定的两大目标之一。"

他们接着问道："是哪两个目标?"

"第一个是在我 49 岁的时候，要退出我的销售生涯，而今年我已经实现这个目标了。我可是花了好大的力气，才攀上这座巅峰的。"我在办公室的墙上挂了一本月历，在每个月末撕下一页时，我都会看着那张"49"的牌子告诉自己："乔，我们离目标愈来愈近了，那就是离开这里，走出去告诉大家如何实现他们的目标。"

那些记者又问："怎么做？告诉大家如何去销售吗?"

"很可能，但不只如此，我还要告诉大家如何攀登巅峰。各人追求的巅峰也许各不相同，但攀登巅峰的方法却殊途同归。"

"那你的第二个目标又是什么？教导他们吗?"其中一人这么问道。

"如果时机正确，我可能会这么做。但我的第二个目标并不是这个，它跟先前的目标差异甚大。”

我还记得当时我打开一份展示个性房车的目录，里面有许多帅气、流线型的房车，是可以远离家的家。“在长大成人以后，我就一直梦想能够拥有一辆房车。即使在这个愿望实现的机会似乎很渺茫的时候，我还是敢做这个梦。无所谓，反正我总是做大梦，而且将这个梦当作一个目标。我最终实现了这个目标。”在立志要得到它的时候，我就了解到，想见到美梦成真，就必须将目标细分成几个小目标和小步骤，按部就班地进行。

多年以前，我从经销店那儿得到了一辆旅行车，我在车上装了野餐篮、毯子、折叠式坐椅，一切能够使远离尘嚣的户外生活成为愉快经历的必备物品。而且“远离家的家”就是到邻近的公园、海滩或深入乡间几里处的地方。

当时我就对妻子琼（June）允诺：“总有一天，我们会拥有一辆真正的房车。”

后来我们升级到拥有了一辆露营车，它是我们第一个真正称得上“远离家的家”。我们开着它到各个国家公园搭帐篷露营，或到人迹罕至的地方，车上有吊床、气垫、睡袋、便携式瓦斯炉具、冰桶，还有用电池的收音机，有了它我们不会错过底特律老虎队（Detroit Tigers）的比赛。不过我们同时也有蚊子、蛇、浣熊、豪猪等访客。

“琼，我向你保证，在我 49 岁的时候，我们一定会有真正的房车。让我们共同期待吧，期待这一天的来临。”这一天终于来了。遗憾的是，我太太在能够享受我承诺的房车之前就过世了。虽然如此，但在我心目中，她才是促使我努力达成目标的最大动力。

我在所写的《怎样成交每一单》一书中，提到过我认为清风房车（Airstream）是房车中的劳斯莱斯（Rolls-Royce）。当时，现在已经担任清风房车总裁的拉里·赫德（Larry Huttle）让我觉得我该买部清风房车，而我真的买了。事实上，我拥有好几部清风房车。我欣赏清风房车，这不仅是由于它的车辆款式让我很喜欢，而且是由于它的销售与营销策略深得我心。后来我发现了一个可以帮助他们营销产品的绝佳方法。

我和拉里·赫德坐下后，我开门见山地对他说："你愿意聘请我当清风房车的代言人吗？我可以在你们刊登于休闲车杂志的广告中现身，同时每年参加两次你们的销售或其他会议，与你们的房车业务代表分享我事业成功的策略。"

他露齿一笑，说道："聘请的条件，你希望我转让多少公司股份给你？"

"我不要任何股份，只要一部最高级的清风房车，同时每年更新一辆。"

"成交！"

自此之后，我就一直与清风房车为伍。我开着这辆我称之为"有轮子的不动产"，走遍了整个北美洲，它是一个会滚动的"远离家的家"，而且舒适无比，具备绝佳的寝具、厨具与餐具，还有电视机。

前面所提的写着"49"的牌子，帮助我将这两个目标铭记在心，永志不忘：**其中之一是事业目标；另一个是个人目标。**

八个重要问题

无论你为自己设定了什么样的目标，你都必须从各种不同的角度来考量它。把你的目标写下来，然后问自己这 8 个问题：

(1) 我的目标定义清楚吗？我是不是将它表达得很明白？

(2) 它是个微不足道的小目标还是一个重大目标？它有多么重要？

(3) 它是长期目标、短期目标还是两者皆是？

(4) 它是个真实、具体的目标，还是不切实际的梦想？

(5) 它是不是在我的能力范围之内？我是不是准备不顾一切地去追求它？

(6) 在尽力追求目标时，我能否衡量进度，以确定自己正朝着目标前进？

(7) 我制定的目标是否有足够的弹性，以便需求改变时能够进行相应的调整？

(8) 在时间、体力以及金钱上我必须做哪些牺牲？

这些问题的确很难。这些问题有许多不同的表达方式，但无论如何措词，想要得到确切的答案都不是件轻松的事。我们不妨来看看，这些问题对某些很典型的目标会产生什么样的影响。

假设你的目标是戒烟。那么你可以很简单地将它定义为："我要远离烟草。"对于一些人而言，这只是个小目标，只是戒除一个坏习惯罢了。然而对于另外一些人来说，它就是重要目标，因为医生已告诫他们必须这么做（我的情况正是如此。那时我一天要抽三包半香烟）。此外，对那些把公共卫生部部长（Surgeon General）的警告很当一回事的人来说，它也可能是一个重要目标。而这一目标可以是长期的（渐进式地减少吸烟量），也可以是短期的（立即戒除）。

在今天，有这么多的健康研究报告将抽烟与癌症、心脏病、中风等疾病牵扯在一起，因此戒烟当然是一个值得追求的目标。但对你来说，它是一个可以实现的目标吗？可能是，也可能不是。有些人说："我想戒烟已经 20 年了，甚至还不止 20 年，但运气实在很差。"这样的人我们都认识一些。其实我们都知道，运气跟这件事情根本风马牛不相及。如果你打算慢慢戒除烟瘾，那么你可以衡量自己进展的程度（今天 10 支香烟，明天 9 支，后天 8 支，依此类推）。这种目标没有什么弹性，而且你也无须做任何牺牲（事实上，你还会因此得利：得到了健康，还可以节省一笔开销）。

你该顺着这套方法去思考以上 8 个问题，以期得到有意义的答案。你可能因此得到这样的结论：这个目标对你而言是可行的，达成的期限或长或短，然后你决定去追求它。不过有时你也会发现，许多当初认为值得追求的目标，到后来却全然不是那么回事，所以你又将目光放到另一个目标上。

现在，让我们试想一个事业上的目标：成为一位成功的经纪人。如果你已经有多年的金融工作经验，或者目前正在金融机构（譬如银行、储贷机构或销售股票、债券和其他有价证券的公司）服务，那么你很可能能够对以上那8个问题提供一些正面的答案。你达成目标的胜算很高，因为你很可能拥有金融财务方面的背景、必要的经验以及与股票交易有关的知识。你可以转入投资领域，并且可能因此成为一名成功的经纪人。

相反，你也可能完全没有金融财务的背景，从未从事过银行柜台工作或办理过贷款、抵押业务。或许你在旅行社工作，公寓是租来的；或许你是个生意很好的牙医，你的住宅是用现金买的。然而你可能曾经大量投资，经常在证券市场进出，同时拥有多种绩优股票。你对于一些专业术语及市场用语相当熟悉，如股票期权、优先股、商品、期货以及买空、卖空等。你可以轻松自如地应付股市赚赔，而且最乐见股利分发。当然，你也可能只投资于共同基金或者免税的地方政府债券。

那么，你想成为一名成功的有照经纪人，有可能吗？当然有可能。但是这可行吗？这就要看你如何回答前面那8个问题了。它需要做些牺牲吗？是的，你得花费时间与金钱从头学习如何从事投资生意，同时设法在经纪公司中谋得一职，不断向上攀爬，直到你可以独立为止。

这8个问题你是否需要全部回答，取决于你如何定义自己的目标。答案愈简单，目标愈可能达成。有些目标是完全没有弹性的，一旦时空环境有所改变，这种僵硬、难变通的目标就很难达成。譬如，假设你的目标是成为公司广告部门的经理，这是公司组织里现在的职位，工作性质非常明确，是公司外聘管理小组所规划的。在一项为期3年、有关广告效益与成本评估的报告完成之前，这个职位的任职要求不会改变。

你在这个部门的资历相当深，之前曾在一家全国性广告代理公司工作过，因此在这个领域有相当丰富的经验。以你的条件，应付这个职位的工作内容应该绰绰有余。然而公司竟然从外部雇用了一个经验没你丰富的人。刹那间，你的目标顿时变成了一个不可能实现的目标。

以上所描述的情形正好发生在我的一位朋友身上，他是以前向我买过车的客户。这位朋友原来在一家制造 O 型密封圈的公司工作，公司设有部门自行负责广告业务。因为达不到自己预期的目标，这位朋友便辞职离开，去了另一家生产相同产品的公司，同时立下新目标。这个新目标便是要说服这家公司的管理层设立一个部门自行负责广告业务。他比较了内部成本与雇用广告代理商的广告成本，包括广告创意和制作成本、媒体成本、广告商的利润等，将“自己来”的主意推销给管理阶层。结果，他真的创造了这个部门，而他自然成为部门的经理。他的做法可真聪明。

有些目标只需要做出少许的牺牲，有些则可能需要付出相当大的代价。我那位朋友的牺牲之一，就是必须搬到另一个城镇去。他必须卖掉原有的房子，购买新房子，给小孩转学，而且还要忍受较差的气候。

目标与现实

有两项关于制定目标的重要原则，是我终身奉行不渝的。它们并不是什么新奇的概念，但我将它们稍加调适，以适应我事业与个人方面的需求：

（1）**制定目标。**将你的主要目标细分成几个较小的目标（我称之为阶段性目标），一次追求一个，循序推进。

（2）**不脱离现实。**要达成那些不真实、遥不可及或不切实际的目标，即使不见得不可能，也会非常困难。

想一想你为自己设立的阶段性目标，它们可助你避免我所谓的“目标消化不良症”。如果你在同一时间内做太多的事情，例如设立太多的目标，那么即使没有明显的消化不良，也可能会导致“目标心绞痛”。你一定不希望自己变成电视里 Alka-Seltzer 药广告中那个不停说“真不敢相信，我竟把所有东西都吃下去了”的家伙吧。

以“蚕食”的方式“吃”下目标。虽然就像我忠告过的那样，你的目光必须始终注视着主要目标，但每次只能踏出一小步，慢慢向它推进。记住，电梯在这里可是不管用的。向最终目标踏出的每一步，都可以被称为阶段性目标。先设定一个阶段性目标，好好规划它，到达后停一下。再朝下一个阶段性目标前进，到达后再停一下。这种阶段性目标，或称“小目标”，会使你的攀顶之途比一次就把大目标狼吞虎咽硬吞下去来得轻松顺利。

举例来说，假设你在工厂，也就是某项产品的制造厂工作。工厂生产什么，以及你在哪一个部门工作并不重要。但你有个目标，想得到工厂某个管理职位。事实上，到时候你甚至可能设定更高的目标：当上工厂的经理。

如果对上述 8 个问题你已经找到满意的答案，尤其是关于定义目标那个问题（“要成为部门经理，并且迟早要做到工厂经理，这是个长期目标”），那么你现在就必须将目标细分为一连串小的阶段性目标，同时目光还得紧盯着最终目标。

每个阶段性目标，不论长期还是短期，都必须通过上述 8 个问题的测试。在做到之后，你的阶段性目标可能是这样一个过程：先成为工厂副领班或工头，接下来设法晋升为领班，然后努力成为部门中级管理人员或获得类似职位，再将目光盯住部门主管的位子。不久你可能会发现，你在往工厂经理之途迈进。你说看来不可能？问问美国大多数工厂经理，他们会告诉你，他们正是如此到达巅峰的。美国钢铁大王安德鲁·卡内基（Andrew Carnegie）年轻时曾是一家棉纺厂的工人，工资仅为 1 周 1 美元。他的目标以及他勇于做大梦的精神，每每带领着他追求更大的成就。他由工厂转到铁路公司，又从宾夕法尼亚州铁路（Pennsylvania Railroad）的电报操作员做到铁路局局长。他始终怀抱热切理想，始终积极前行，于是他离开铁路公司，转而投身钢铁工业。他率先将英国工程师发明的贝西默（Bessemer）炼钢法引进美国，最后不但达成了个人目标，也使得钢铁工业成为美国工业的巨人。传说卡内基还是小男孩时，他的工作还包括扫地。倘若果真如此，他的成熟就更令人刮目相看了。

谁说传说不会重演？事实上，这正是美国之所以为美国的原因。而这个每次只踏出一步的原则，也就是每次只完成登顶之路上的一个阶段性目标的原则，适用于任何职业与任何目标。

现在让我们再想想第二个原则：不脱离现实。许多人之所以未能达成他们的目标，就是因为目标不切实际。在定义目标时，未将个人因素考虑进去。举个例子，假设有个在都市废水处理厂工作的工人，立志要成为一家广告代理公司的会计主管。当然，这并非绝对不可能，但对这位仁兄而言，在该市或该郡的自来水厂谋得一职可能是个比较实际，也就是较可能达成的目标。

要使**目标不脱离现实**，就应该让它与以下几点相称：

- 相关的工作背景或个人背景；
- 现在和过去的经验；
- 目前和曾经担任过的职务；
- 拥有的资产及收支情形（虽然这一点通常不是那么重要）；
- 教育程度；
- 体能及健康状况。

若制定的目标与上述因素相称，不论是其中几项还是全部，则你的目标会更容易实现。但规则之外总有例外，譬如说，有段时间我的目标是比我们经销店其他任何一位销售员卖出更多的车子。这个目标实际吗？对我而言，是的。虽然我完全没有汽车销售的背景或经验，手边也没有多余的闲钱，而且我充其量也只念过几所艰苦的学校（准确地说，我的教育是自我教育）。幸好我当时有健康的身体作为本钱（这是在底特律贫民区长大的好处之一），才得以忍受长时间的销售工作，达成我所追求的目标。尽管如此，不脱离现实的原则，仍然该是你设定目标过程中必须考虑的因素之一。你的阶段性目标以及重要目标愈实际，达成的可能性就愈大。

目标导向的人

花些时间好好研究那些在人生各层面已经获得令人仰慕的成就的人物，无论他们的成就是在商场、学术、宗教领域取得的，还是在作为律师、医师的专业工作中取得的，当然还包括在运动场上取得的（绝大多数男性以及多数女性，对运动员的注意可能远远超过对其他领域的成功人士的注意）。无论他们处于哪个领域，你可以确定的是，这些杰出人物绝大多数都是花了相当长的时间，一步步迈向他们的目标的。不管你用什么字眼，是“小目标”还是阶段性目标，它们在这些杰出人物追求重要目标的过程中，都扮演着非常重要的角色。

第 5 章 做一个勇于冒险的人

最近我接到一封来自加拿大安大略省的男子的信，他刚 30 岁出头。他在信中告诉我他刚走了一步极为冒险的棋：他辞去了圣奥古斯丁教会的圣职，还俗了。脱去了罗马天主教牧师的圣袍，他正步向（你可能会说他是一头栽进）一个没有屏障，甚至可能充满敌意的世界。从他离开圣职那天起，他便觉得自己随时都可能受到伤害。尽管如此，但他的人生哲学依然是那句旧谚：不入虎穴，焉得虎子。

在写那封信时，他正准备进入企业界，虽然他完全没有商业经验。信中他并未提及他感兴趣的是哪一种商业投资，但他说曾经读过我写的《怎样打造个人品牌》，还说那本书为他带来了信心。

显然，这个人在他未来的新生涯里所走的每一步路都可能带有风险，可是他愿意冒险。他在信中所传达出来的决心，使我相信他在新天地里必然会有一番作为。

为什么涉险？

事实上，我们在醒着的每一刻（有时候连睡觉时也是），都置身于风险环境中。若想免除风险，除非我们永远将自己固定在某一个定点上。的确，在我们冒险行事而未能如愿时，通常会有这样的话：**“当初我真应该待在床上不动。”**

许多人似乎终其一生都“待在床上”，因为他们不愿意冒任何个人生活或职业生涯上的风险。可是，在穿越马路时，我们同样冒着被车子、摩托车、公交车或出租车撞上的风险；在海边游泳时，也面临被海浪或激流卷走的风险；统计数字虽然证明了搭飞机旅行较汽车来得安全，但我们每次搭飞机时仍然置身于一定程度的风险中。毕竟，我们的安全必须依赖飞机结构的健全，而且如果我们不是亲自驾驶飞机，那么还必须信赖飞机驾驶员以及全体工作人员。

到各地旅游时，我们也同样会遇到大小不一的风险：小到遗失行李，大到沦为世界某个遥远角落被羁押的人质。

自有文字记录以来，人类一直处于风险之中，火山爆发，使得山边的城镇化为灰烬，但不久人们依旧回到那里，在危机环境下重建家园；洪水冲走了房舍及财物，但一旦大水退去，人们就将脏乱清洗干净，重新开始生活；飓风、地震、台风、龙卷风、山崩以及其他各种天灾都使得人类无法摆脱不断面对同样风险的命运。

有句俗话说：“没有风险的生活没有意义。”这句话同“**未曾经历**

悲痛的人，不知快乐的滋味”是一样的道理。事实上，我们之所以让自己身陷许多险境，是因为我们没有选择的余地，就好像我们为了到达街对面不得不穿越马路；为了从某地到另一地，不得不开车、搭飞机、乘坐公交车或坐船一样。但冒险是经过深思熟虑的还是愚蠢莽撞的结果，两者之间有相当大的差异。

分辨风险

要成为一个在事业上冒险、一路努力攀登巅峰的人，你必须懂得分辨这两种风险的差异。我觉得参加高空弹跳，在居高临下的桥梁或建筑物上纵身一跃，只靠身上绑着的橡皮来防止落地，就是一种愚蠢的冒险，不论那些人说他们多么喜欢这项运动。同样，跳伞运动、乘坐木桶穿越尼亚加拉瀑布（Niagara Falls）或是骑着摩托车飞越一大串并排的汽车，都是那些喜欢追求刺激、愚蠢的人所冒的愚蠢风险，虽然我知道那些人不会赞同我所说的，马戏团里走钢索、玩空中飞人的人也不会。

那么，**什么才是经过深思熟虑的冒险**？譬如有人决定走进老板的办公室要求加薪就是。这么做你可能如愿获得加薪，也可能不会，但至少就像那位年轻的男子所写的：不入虎穴，焉得虎子。

一个人由薪水丰厚的工作转到另一份薪水较少的工作，因为后者的前景较被看好，也是一种经过深思熟虑的冒险。在这么做了之后，他可能发现这份新工作确实前景较佳，也可能发现并非如此，从而后悔离开了原来的工作。可是事实就是如此：除非他冒了这个险，否则他永远不会知道新工作的前景是否更好。

有些人认为婚姻也是一项经过深思熟虑的冒险。他们所持的态度往往是：如果这桩婚姻行不通，我们还可以离婚。

当然，你知道我指的并不是要去过危险的生活、行事莽撞或是到处碰运气。虽然我不是聪明绝顶的人，但也不是有勇无谋的人。我自认与其他人同样小心谨慎，所以我并不是在鼓励你“孤注一掷”以攀登巅峰。事实上，要达到事业或人生中的任何目标，都意味着你必须做出一些经过深思熟虑的冒险行为。**仔细衡量你的风险**，只有当它的回报与你所花费的时间、金钱、精力以及其他必须忍受的牺牲或妥协相称时，才决定去冒这个风险。

而如果你不愿意去做出任何经过深思熟虑的冒险行为，那么你只能一直停在原地。如此一来，你虽未往后退，却也未前进，犹如处于某种植物状态一般。

经过自己深思熟虑的冒险

我在追求人生巅峰的途中，曾经历过许多风险。当我决定退出建筑生意而去卖汽车时，我做出了经过深思熟虑的冒险行为。当我从汽车销售岗位退下来，转而致力于传授他人一些有助于他们攀登人生巅峰的技巧时，我又做出了经过深思熟虑的冒险行为。此外，当我第一次对一群不说英语的听众演说，担心翻译人员是否能向那些戴耳机的听众准确地解释并传达我的演说内容中一些美国俚语的意思以及人物的事迹时，也是做出了一种经过深思熟虑的冒险行为。然而，如果我不曾冒过这些风险，那我可能依旧背负着抵押贷款，做着我的建筑生意，结果是哪儿也去不了。还记得吗？我称之为“无处之处”。

曾经有段时间，我家可以说是已经穷到只剩最后一袋米了，债主们不单是敲我家的大门，他们简直就是又捶又打。那时我因为把时间都浪费在一个不切实际的目标上，已经输掉了我的衬衫，当然不希望连裤子也输光。因此，在除了自己的意志力外没有任何外力可以借助的情况下，我转而从事销售汽车的工作。当时没有人给我任何鼓励，我必须做出这个经过深思熟虑的冒险行为，跨进一个未知的领域，在那里我将会发现的也许是一块坚实的土地，也许是一片流沙。但我终究承担了这个风险，小心注意自己所踏出的每一步。而当我开始打破汽车销售纪录时，我也踏在那些善妒的销售员的自大之上。

从这段经历以及其后的许多经验里，我学到的教训是：为了达成目标，一个人往往要有在薄冰上溜冰的勇气。在你追求成功的途中，当然也必须冒如履薄冰的风险。当前路是一片薄冰时，胆小的人会拒绝穿上冰鞋，但你绝不会。你会穿上冰鞋，权衡整个情况，步步为营，小心谨慎地向前推进。

冒险先锋

每当我谈到冒险这个话题时，通常都会以贾米森·汉迪（Jamison

Handy）为例——他是工业界与运动场上一位真正的先锋。汉迪随时都乐于冒险，即使他的朋友和同事常常警告他奋不顾身有危险。他接受向挑战体能极限的风险，也接受测试他信念与勇气的风险。

对于贾米森·汉迪在传播事业上所创造的纪录，我是再熟悉不过了，因为汉迪一直是我们在美国与加拿大的代理经销店为销售与服务人员所提供的训练课程内容的幕后功臣。每个星期一早晨的销售会议上，我们研读的都是他制作的训练教材。

同样，许多学童从汉迪的教育影片中受益匪浅，而成千上万的武装部队也从汉迪的影片中学到了许多军事以及其他方面的技巧。汉迪相信一张照片所传达的信息胜过千言万语。他觉得当时不论是教学、指导还是教育训练都用了太多的文字和太少的图片。

汉迪有一个朋友叫托马斯·爱迪生（Thomas Edison）——电影的发明者。汉迪由电影软片的卷轴联想到一个点子：如果将照片装在一长串软片上，它们就可以一次一格地向下移动。如此一来，教师或者指导人员就可以详细叙说每张照片所要传达的信息。

不久，他又想办法让影片的画面与声音同步，从而创造了真正的视听传播媒体。

这跟冒险有什么关系？事实上，汉迪大可轻松地追随他父亲在芝加哥新闻事业方面的脚步，当一个有稳定工作保障的记者。而他放弃了唾手可得的事物，旁人因此将他视为愚蠢的人。当时人们对于默片的神奇很着迷，所以朋友告诉他，现在大家都不愿静静地坐着观看一次一幅的图片了，他的想法是注定要失败的。而汉迪的答案是：“我愿意冒这个风险。”

今天，汉迪已被视为视听训练教材之父。他敢于冒风险的勇气和信念，使他发展出训练工商业人士、社会民间团体、工会与军界的方法。

在另一个领域中，我认为汉迪同样是个冒险者。在其一生中，水里和地上的运动，他都一样得心应手。汉迪曾相隔 20 年，两度成为美国奥林匹克游泳队的成员，也曾连续 3 次在美国密西西比河马拉松游泳赛（Mississippi River Marathon）中夺冠。汉迪差不多每天都要游泳，他游遍了全国的湖泽和河海。他的血液中流淌的只有赢的细胞。他深深地为速度着迷，决定要游出不同，游出自己的风格。

汉迪把自己的这个想法告诉了游泳冠军约翰尼·韦斯穆勒（Johnny Weissmuller），韦斯穆勒对此却嗤之以鼻，因为如果照汉迪的做法，那么在水中的危险就太大了。澳大利亚式自由泳已被广泛接受，要想改变，绝非易事。另一位游泳冠军杜克·卡哈那莫库（Duke Kahanamoku）也警告他，如果汉迪果真行如其言，那么他很可能会溺水。但汉迪对他的这两个事业同伴说的是：我愿意冒这个险。

汉迪拿出了勇气，又一次验证了其必赢的信念。他不再拘泥于以前的自由泳方式，而是做出了创新：一直将头保持在水下面，不时地将头偏至一侧以便吸气，然后将头又保持在水下，同时呼气。这一改变的结果是什么？汉迪在水中的每一击的速度都提高了。他通过对于标准自由泳方式的冒险开创了美式自由泳方式。如今，美式自由泳方式在世界各地随处可见。汉迪也因此项创举而荣登“国际游泳名人堂”(International Swimming Hall of Fame)。

吉姆·汉迪作为现代游泳之父以及视听训练教材之父而闻名于世。他又是怎样用身体来冒险的？这同样离不开水。

有一次，汉迪请了一大群军界的重量级人物坐他的游艇游览切萨匹克海湾，殷勤招待，以求巩固他的国防训练合约。不幸的是，他们遇上了暴风雨，浪头有好几公尺之高，有些陆军及海军高级军官开始晕船，整艘船就像是浮在水上的软木塞。据我所听到的故事，当时就连舵手都已经趴在铁栏杆上了。

汉迪并没有小觑这海水的威力，但基于天性，他也不会畏惧。要他以意志力冒险去跟那场暴风雨搏斗，毫无问题。于是汉迪一把便上前抓住船舵。当时船上一位朋友跟其他人一样晕船晕得厉害，喘着气跟他说：“你绝对办不到的。”汉迪笑了笑，说他宁愿冒险一试。而他冒险的结果是将船安全驶进了码头。这则故事可能只是个传说，但汉迪本来就是个传奇人物，就像大家传说的一样。

这是愚蠢的冒险吗？或许是。冒险出航的下场，有可能是落入暴风雨肆虐的海湾，进行他人生最后一次游泳。然而，就从那次起，汉迪便常被尊称为“有胆量的家伙”(Guy's Got Guts)。这个故事的重点是：你若想成为一位勇于冒险的人，必须拥有**过人的胆识**以及**顽强的意志力**。

积极的冒险家

我们都曾读过有关愚蠢的冒险的故事，那些有关有勇无谋、只顾追求冲动刺激的人的报道屡见于报纸版面。然而，那些在事业、工作或学业上，甚至只是在日常生活里，做出经过深思熟虑的冒险行为的人，也应该受到跟前者一样的注意，甚至更多的注意才是。这样的人不在少数，他们的冒险显然都具有正面意义，例如，霍华德·休斯（Howard Hughes）成为改良钻油器具的工业巨子；华特·迪斯尼（Walt Disney）深信大人跟小孩一样，对卡通片就像对一般电影一样感兴趣；曾任美国总统的托马斯·杰斐逊（Thomas Jefferson），当年在国库并不宽裕的情况下，决定以1 500万美元从法国人手中买下路易斯安那地区，就是冒了一个极大的风险；而亚伯拉罕·林肯（Abraham Lincoln）时代的国务卿威廉·苏厄德（William Seward），花了700万美元从俄国人手中买下阿拉斯加，也是在深思熟虑过后冒着巨大风险的，虽然这个风险最后报偿丰厚，但当时的反对者却曾讥讽它是“苏厄德的蠢事”（Seward's Folly）。

跟过去一样，现今社会依然处处充斥着大胆冒险的人。就在你阅读本书的同时，世界上正有无数的人为了达到事业上的巅峰而冒着风险，用各种新奇而又报偿丰厚的经验丰富着他们的人生。

勇气的必要性

要成为一位冒险家，你必须具备勇气。还记得那个“有胆量的家伙”的例子吗？要持续保有巨大的勇气，一个重要的方法是不要让浇你冷水的他人泄了你的气。生活当中你总会发现有人泼你冷水，警告你不要冒险，但追求巅峰与成功是需要勇气，也需要胆识的。

但是有许多人害怕成功，害怕成功可能带来的后果。他们会有：“如果我到达了高位，我就必须对我的员工负责”，或是“别人会嫉妒我，还可能恨我，甚至在背后捅我一刀”，或是“如果我赚到了想赚的钱，就要缴更多的税”等诸如此类的顾虑。

你可能从未想过，竟然有人会害怕高人一等。他们有点像是玩着“山大王游戏”的小孩。当某人成为“大王”时，其他小孩会极力想要把他从山顶上拉下来。可是当“山大王”果真被拉下来了后，他会再冒险将“山头”给夺回来。许多大人就是需要建立他们儿时玩“山大王游戏”时的豪情与勇气，但现在要取得他们的“山头”，即他们的巅峰，需要经过仔细的计划，而不能仅靠冲撞和推挤。

拥有些许“赤子之勇”也是不错的。想想棒球选手里基·亨德森（Ricky Henderson），他每次尝试由一垒盗上二垒时，都冒着被阻杀的风险，可是他多半都做到了。事实上，当你在职业生涯里想要“盗上二垒”时，只有你自己知道面临的风险是什么。

请研读下面两组关于决定冒险与否的自我测验：一组是关于事业

的决定；另一组是关于生活方式的决定。作答时请仔细衡量冒险必须付出的代价，它们可能是时间、金钱、精力以及声名。回想一下我们在本章中所提到的冒险例子，运用这些例子来激发你的勇气。这些自我测验的目的，是测试你接受风险的意愿，并指出建立耐力与信心的方法。好好研究这些题目，如果你愿意，把你的答案单独写在一张纸上。

自我测验一

假设你是某大城市的教育局局长。你负责学校预算、教学课程、体育项目以及学校乐队、社团等课外活动，并与教师公会协商契约等事宜。该市目前对于未成年少女怀孕人数激增，因而导致怀孕学生被迫退学的问题非常关切。你明白大多数初高中学生并不懂得避孕的基本常识，你也清楚这是个牵涉感情的议题，它还包括家庭价值观等社会问题。

现在，教育局方面打算向大家所关切的这个年龄层的学生提供性教育课程。这个课程在金钱方面所需的成本，只有教材以及影片等费用。但至于学生父母以及学校方面可能爆发的对你个人的“关切”，这种成本就很难估算了。你知道在另一个学区，该建议引发了家长的强烈抗议，以及社区领导人的愤怒与不满。可是事实上，这一课程极可能有效地减少未成年少女怀孕的现象。虽然学生父母也许不这么认为，但你知道性教育课程并不是鼓励学生进行性试验、堕胎或采取避孕措施。相反，它是在强调禁欲以及自我控制。

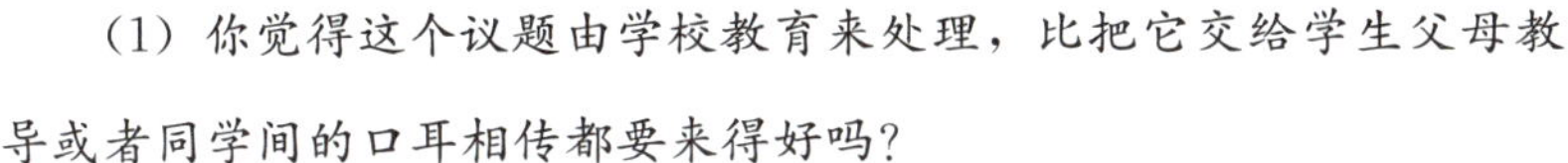

(1) 你觉得这个议题由学校教育来处理，比把它交给学生父母教导或者同学间的口耳相传都要来得好吗？

____是____否

(2) 你是否准备面对来自学生父母或者其他团体的抗议风暴？

____是____否

(3) 你是否愿意冒着声名受损甚至下台的风险？

____是____否

(4) 你是否觉得在父母对子女的限制愈来愈宽松的今天，这个议题日益重要，因而无法再继续坐视不管？

____是____否

如果你能够诚实地对以上四个问题总是回答“是”，那你就可以诚实地自认为是一位深思熟虑的冒险者。因为在这个例子里，你已经考虑过这件事情的后果，同时认为它值得你冒个人的风险去做。

如果你的答案是“否”，那么写下你这么做的理由，而后进一步分析它们。想想为什么你不能冒这个风险。这可以帮助你了解自己在未来的个人决策上接受风险的程度。

自我测验二

假设你居住在一个安静的社区——可能是个有绿树遮阴的郊区。你认识一些邻居，但并不认识全部。你的隔壁新搬来一对没有小孩的中年夫妇。你与他们不是很熟，只有几次在屋外碰到，大家简单聊了几句而已。

一天夜里两点多，你被隔壁邻居的吼叫与尖叫声吵醒了。你不知道这对新搬来的夫妇是不是正在打架；其中一个是否涉及家庭暴力；是否有人因受伤而处于极度的痛苦之中；或许你所听到的声响，其实只是开得太大声的深夜电视节目。于是你起床走到阳台，望向隔壁想一探究竟。你看到他们的灯亮着，同时也注意到旁边几户人家也听到了喊叫声，也把灯打开了。可是没有人像你一样，特地出来看看到底出了什么问题，或者是不是需要出手相助。

(1) 在这种情况下，你会不会穿好衣服走到隔壁邻居家去，即使你最后可能发现自己身陷一场暴力的家庭纠纷，还可能受到伤害？

____是____否

(2) 你会不会寻求其他邻居的协助，然后一同走到隔壁去一探究竟？

____是____否

(3) 你会不会打电话到隔壁家，问问有没有什么事是你帮得上忙的，这样你冒的风险就只是被回怼一句“不关你的事”，而不是被一拳打上鼻梁？

____是____否

(4) 你是否会认为这不关你的事，于是叫来警察，请他们到你邻居家查看一番，但要求他们不要提到是你打的电话？

____是____否

(5) 你是否认为这不关你的事，你应该装作没听见，回房睡觉去？

____是____否

这是一个道德难题，让人进退两难。冒险可能很愚蠢，也可能是经过深思熟虑并值得一试的行动。对上面第 1 个及第 2 个问题，如果你的答案是“是”，那你所冒的险可能是愚蠢的；但如果你对第 3 个及第 4 个问题的回答是“是”，那么你冒的险可能是经过深思熟虑的；而如果你对第 5 个问题的回答是“是”，那么你完全没有冒险。分析你的答案，看看在这件跟你攀登巅峰毫无关系的事情上，你愿意承担风险的程度如何。**回答这类风险承担的问题可以帮助你评估自己在事业上愿意承受风险的程度。**你可能一直认为自己愿意去面对所有牵涉风险的事，到头来却发现在某些方面还是欠缺勇气的。如果真是如此，那么在做一名冒险家方面，你必须非常努力才能攀登巅峰。

激发自信

在靠卖车维生的那段时间里，我会仔细打量每一位上门买车的客户，而我卖出去的车通常比他们开口要求的具备更多的配套设施与功能。因为有时候买车的人并不清楚他们的需求是什么、应该买什么样的车，一旦有人能够很有信心地为他们指出来这些，他们的需求便很容易获得满足。

我把较好的汽车介绍给上门的客人，并且在成交之后，往往会获得许多令人满意的结果。首先，一旦这辆车需要转手卖出，它一定可以卖到一个比较好的价格。其次，买车的人也通常会将这辆新车视作一项投资，而不只是一笔买卖。除此之外，还有一个更微妙的因素在其中。

当我将新车钥匙交到客户手中时，我会说："我为你所展现的自我肯定与信心恭喜你。"

"为什么这么说?"客户会这么问。

“你看，一辆崭新的、价格较高的车本身所代表的无非是这辆车的价值与名气。然而它可以透露出许多关于你的信息。这辆车会显示出你对待自己的态度。你向前跨出了一大步，我相信除非你相信自己可以全盘掌握，否则你是不会这么做的。”

自信就是能使你不畏冒险，并且赢得胜利的肌力。你不需要健身房的指导员来告诉你，结实的肌肉并不是想拥有就能拥有的。肌肉需要经过不断的练习与锻炼才能练就。健美先生、小姐们称之为“撸铁”。

同样，你信心的肌力，也就是自我肯定，也可以用我所谓的“撸铁”方式，其实就是增强的方式练就。而这一切要从相信自己开始。

我相信你

每次我都告诉观众我相信他们，我真的相信。当我望向那无数张期待的脸庞，那些希望改善自己的生活并竭力实践的人们，我就忍不住想帮助他们。然而我总是说：“更重要的是，你相信你自己吗？”

还记得那部热门百老汇音乐剧及同名电影《如何在未经尝试的情况下在商业中取得成功？》（*How to Succeed in Business Without Really Trying?*）中那个充满信心的小伙子吗？这部剧是根据一本同名的畅销小说改编而成的，作者是谢泼德·米德（Shepherd Mead）。我个人非常喜爱这本书，但对我而言，我在事业上获得成功靠的是不断地努力。

在这部音乐剧中，罗伯特·莫尔斯（Robert Morse）对自己唱了一首歌，一首幽默而充满自信的歌，歌名就叫作《我相信你》（I Believe in You）。但这部音乐剧的剧名却有误导观众之嫌，因为剧中的年轻人最后的确成功了，但他是经过不折不扣的努力获得的。我记得这位年轻人自信的第一步是从窗户清洁工的吊车上跨出的——他走进了办公大楼。对他而言，那是个全然陌生的环境，而他靠着坚韧不拔的精神，从办公大楼的收发员一路做到了董事会主席。

事实上，在这部音乐剧的制作过程中发生的故事更激动人心。这本书的共同编剧阿贝·伯罗斯（Abe Burrows）与作曲家弗兰克·莱塞（Frank Loesser）在剧场都待过相当长的时间，他们曾将戴蒙·鲁尼恩（Damon Runyon）的小说《红男绿女》（*Guys and Dolls*）改编成舞台剧，该剧受到了各界的热烈好评。尽管如此，但要将《如何在未经尝试的情况下在商业中取得成功?》这本没有什么情节的小说改编成音乐剧，仍然需要极大的信心。当时反对者大有人在，他们斩钉截铁地说，身兼这部剧的导演的伯罗斯绝对不会成功。

然而，伯罗斯却在合伙人的共同经营下，一步步建立起他信心的肌力，对那些诋毁及批评置之不理。他的信心是不是得到回报了？当然。《如何在未经尝试的情况下在商业中取得成功?》一剧赢得了当年的“普利策奖”（Pulitzer Prize）。

这还不是故事的全部。我们再来看看这部剧的主角所展现出来的自信。他从大学时代起，便一直是交响乐团里的首席，同时还是一名歌唱家。他吹起萨克斯来往往欲罢不能。他是在宾·克罗斯比（Bing

Crosby）之前第一位被封为低音歌王的人，也是全国皆知的“浪子情人”（Vagabond Lover）。除此之外，他在广播领域也有一段很长的成功经历，并在许多成功卖座的影片中担纲演出。拥有了这一切，这个世界上还有什么等着他去征服吗？当然有。

那时他被邀请参加《如何在未经尝试的情况下在商业中取得成功?》一剧的演出。当他被问到是否能够做这样 180 度的大转变时，他的回答是肯定的。而当他被问到何以如此认为时，他回答说，他对这件事情很有信心。

他说对了。鲁迪·瓦利（Rudy Vallee）在 60 岁的时候，成为百老汇另一颗闪耀的明星，每晚演出都获得观众的满堂喝彩。不仅如此，6 年以后当他再度在电影中饰演同一个角色时，虽已 66 岁，但他信心的肌力依然未见衰减。

你必须相信自己，因为如果连你自己都不相信自己，那么没有人会相信你。要让自己迈向人生的巅峰，强烈的自信是不可或缺的。

还记得沃蒂·派珀（Watty Piper）的床边故事《不畏艰难的小火车》（*The Little Train that Could*）吗？它是一列必须爬上山顶的小火车，当它一路冒着烟前进时，不停地对自己说：“我相信我办得到，我相信我办得到，我相信我办得到!”就是靠着这样的信心与毅力，这列小火车才得以爬上山顶。这列小火车是真正地相信自己。

不论古今，我们这个世界上都有许多人克服了对自信的重大挑战。他们之中有许多在过去曾经是激励我的力量，现在则有更多。

自信地走出来

我一向非常欣赏赫伯特·马歇尔（Herbert Marshall）在电影中的表现，尤其是他在《阳光下的决斗》（*Duel in the Sun*）一片中的演出。而当我获知他的另一些事情后，我对他更加仰慕了。他曾在一次军事行动中失去一条腿，这对一位事业建立在舞台上的优雅举止以及个人魅力的人而言，一定是痛苦而沮丧的挫折。然而，马歇尔却是展现自信的最佳典范。他为自己装上假肢，练习走路，每走一步，他的自我肯定与自信就增强一分。这一天终于来临了，他走出来，站上戏院舞台面对观众，也站在摄影机前。他知道并且坚信他能够熬过来，而他也确实熬了过来。直到今天，他的许多仰慕者都并不知道马歇尔竟然有一条假肢。如今，通过家庭录影机，他的自信依然散发出耀眼的光芒，一如在他的事业巅峰时期那样。

肉身发电机

我有一位朋友唐·托科（Don Tocco），他可以说是白手起家建立起一家全国性药品销售公司，从而迈向了事业的巅峰。托科有着无可救药般的自信，他可以一边洗着冷水澡，一边大声喊：“我是一具活生生的、会呼吸的肉身发电机。”也许他觉得这样可以让水变热。

在托科的一生中，有几个时期都靠着这份自我肯定为自己加油打气，不仅在事业上如此，而且在生活中也如此。他成长于一个低收入家庭，童年及青少年时期都处于一个物质匮乏且充满精神暴力的不良家庭中。托科将这种负面环境与逆境下所激发的精力发泄到各项运动上，于是他加入了学校以及地区篮球、足球、棒球等球队。他的祖父母对他支持有加，但没有任何人可以充当他的良师给予咨询与指导。

后来托科从大学退了学，当时他没有任何商业背景。“我最先到一家化妆品公司做事，”他说道，“是那种多层次直销的组织。我用借来的钱投资下去，但不到 1 年，我不仅输掉了衬衫，而且几乎输掉了一切。”

自那次事件以后，托科又换了 10 份不同的工作，在生活的逼迫下，他想到了代理经销的点子。这跟他以往从事的工作相比较，是个截然不同的转变。当时他还负债 7 500 美元之多，拥有的仅是永不减退的热情。

许多爱浇冷水的人常说，热情是绝对不能取代经验的。托科却说：“不要相信这句话。”在他所写的小书《你的成功方程式》（*Your Success Formula*）中，他说：**“热情是一种态度，对个人的成功而言，它的重要性绝不亚于个人的学识或专业技能。”**当时负债累累的他，努力争取到一个重要的经销商代理权，但在其后的 3 年内，也只是勉强达到收支平衡。尽管如此，但他的代理经销的点子总算得以存活。

托科存活了下来。今天 D. L. Tocco and Associates 公司已经成为许多经销商的营销利器，它的年营业额超过 1 亿美元，而他为那些经销商创造的销售金额更是超过了 20 亿美元。

这样的成功可不是从天上掉下来的。托科为了能迈向巅峰，为自己设计了一条路线。以下就是该路线沿途几个重要的里程碑：

（1）无论你的产品或服务是什么，都要确定**你的事业是“人的事业”**，永远不要忘记向对方展现应有的尊重与礼貌。

（2）从你的客户处了解他们希望与需要的是什么，然后不仅要让他们100%满意，更**要让他们110%满意**。

（3）建立客户的忠诚度。赢得客户对你的信赖，如此一来，他们便会基于与你的关系而在任何时候都向你买东西。除此之外，还要**关心你的客户**。

（4）**绝对不要丧失自信。**所谓自信，就是自我肯定，要相信如果你提供的服务是优良的，那么每件事到头来一定都会有很好的结果。

（5）留心你自己。时时记住“你的个性完全展现在别人的眼中”。诺曼·施瓦茨科普夫（Norman Schwarzkopf）将军就曾经告诉我：**“领导是谋略与个性有效结合的产物。如果你必须舍去其一，那么舍去谋略。”**

为了确定自己并没有迷失方向，托科在很小的时候便决定遵守某些自律的要求。“获准进入我脑子里的资讯，都要一一加以过滤。在长达25年的时间里，我不曾让一些所谓的电子垃圾进入我的生活，如没有意义的电视节目、无聊的报纸文章，以及一些煽情、赚人眼泪的故事。谁需要这些？我只选择性地收看少数几个电视节目，以及少数几本杂志。”

托科也是影星休·奥布赖恩（Hugh O'Brian）的朋友，你们可能还记得奥布赖恩在电视里饰演的怀亚特·厄普（Wyatt Earp）一角。奥布赖恩参与过许多与年轻朋友有关的活动，例如在 30 个国家举办的领导力研讨会。这个节目同时通过地区性的电视网，深入 13 000 所高中学校。托科每年都会在休·奥布赖恩主持的国际领导力研讨会（International Leadership Seminar）上发表演说，同时到全美及墨西哥的高中与大学演讲。“我相信，如果你给了人们激励与希望的积木，”他说道，“他们就会把它内化为己有，同时也会敞开心灵，努力去追求成就。”

唐·托科时常送给朋友那本小书《你的成功方程式》，不分老少。在此我借用该书中一份简单的自我测验题目。仔细想想每个问题，并且尽可能诚实地回答。

把这些题目以及你的答案写在一张纸上。

(1) 我最喜欢做什么？

(2) 我做得最好的事是什么？

(3) 我不喜欢什么？

(4) 我对什么有信心？

(5) 我是不是经常说“我办不到”？

(6) 我最渴望达成的目标是什么？

(7) 我有多喜欢我自己？

仔细研读你的答案。它们合起来便可以勾勒出你的自信程度，而它可能会令你感到惊异。例如：

- 你对第 2 个问题、第 4 个问题及第 7 个问题的答案可以告诉你，为了增强你的自信心，可能需要做些什么，或许不需要做些什么；

- 你对第 1 个问题、第 2 个问题及第 6 个问题的答案可以帮助你制定目标；
- 你对第 3 个问题及第 5 个问题的回答，可以帮助你找出你对于自己及别人的一些负面看法。

对于我以及许多不知名的人来说，唐·托科都是一种激励，他的热情、他的自信心都具有传染性。从最卑微的起点开始，到密歇根州南部一栋摩天大楼中的办公室，这个“肉身发电机”便是他将自己推向巅峰的最佳证明。

如果他做得到，那么你也做得到（不过我不能确定你是不是需要洗个冷水澡才能肯定这一点）。

自信来自智慧地工作

我的自信曾经受到严重的伤害，而治愈它的过程是另一个利用智慧工作的例子。

在我的卖车生涯中，有一段时间我每个月都要寄出一大堆信给客户，包括买了车的客户，以及那些我花了相当功夫营销但仍未向我买车、名列在我潜在客户档案中的客户。它们只是些很简单的信，内容一般是询问客户与其家人是否喜欢他们买的车子？他们是否觉得满意？需不需要我提供进一步的服务？或者只是提醒尚未买车的人，至今已经过了一段时间了，现在他们是不是准备要换一辆新车？我写这些信有两个目的：(1) 我要确定客户还记得我；(2) 我希望与他们做成生意。但让我惊讶的是，我从这些人身上得到的回应竟是如此一致——事实上，除了零分还是零分。在写信给客户这件事上，我的自信心跌到了谷底。

然而，重拾自信不是说想拾回就能拾回的。如同我前面所说的那样，你必须下工夫，也就是必须不断锻炼你的信心肌力。最后，我终于想出这件事情错在哪里了。**我寄信的时间都选在月初，那是个很愚蠢的决定。除此之外，信封上印着经销店的鲜明标记也是一大错误。于是我开始用智慧工作。**

每个月当我寄信给名单上的客户时，我开始用不同大小、颜色的信封，同时信封上贴的是一般邮票而不是邮戳。这样的话，所有接到信的客户及潜在客户可能以为这是一封婚礼邀请函，或是他们亲爱的姑妈寄来的卡片。这么一来，我寄出的信就一定会被打开、被读到，而不再是跟其他经销商的垃圾邮件一起被丢进垃圾桶里。

同时，我再也不在客户信箱可能被账单塞满的月初寄出我的信了。因为对大多数人而言，事实上对几乎所有人来说，接到账单时都不会高兴。

于是，我开始避开人们处于付账单的坏情绪的时间，一年寄 12 封信给我的客户。这样我的信都会在每个客户较愉快的时间出现在他们的信箱里。

在这样做之后，我得到的回应截然不同。许多人打电话给我，表示他们已经接到了我的信，有的还跟我说："你是唯一在交易完成后，没有把我忘记的销售员。"结果我的销售业绩增加了，而我与人们接触的信心也随之增强。我不仅按了他们的门铃，还使得他们欢迎我出现在他们的家门口。

宝贝，谁爱你？

除了你的配偶、亲人或者伙伴外，可能就只有你最好的朋友才会爱你了。但我在这里要给你一个忠告：做你自己最好的朋友。**如果你是自己最好的朋友，那就表示你一定喜欢自己。而你越喜欢你自己，只要不是出于自欺或是自大，那么就会有愈来愈多的人喜欢你。**在知道这一点以后，你的自信心就会增强。当你奋力向巅峰迈进时，你会发现，在许多时候，你会需要一位最好的朋友，以及一切你所能寻求到的火力与动力。永远记住这一点：那些在你登峰途中所需要的火力与动力，它们深植于你的自信之中。

火力与动力

许多年前的某个冬天，有个人驻足在我工作的经销店前。如果你至今不曾见识过密歇根的冬天，那么你总该知道，1 月的天气就像《圣诞颂歌》（*A Christmas Carol*）中吝啬鬼的心一样冷酷吧。而那特别的一天，天气简直就像是一场暴风雨，气温每小时都在往下掉，雪则愈积愈厚，整个路面就像玻璃。

那时候，我只见预约的客人。可是这个男子并没有预约，他甚至没穿外套。以他那样的穿着，他是绝对无法应付这么严寒的气候的。他是搭乘公交车来到经销店的。当时他迫切需要一辆车，而他也已经辛苦存下了 100 美元，准备当作买车的首付款。他仅有的就这么多，无怪乎他已经被其他经销店拒绝了，因为他无法得到贷款。

他的名字是乔·史卡利欧（Joe Scaglione），我只看他一眼，就知道他必然遭到了很大的挫折。我看到了他受伤的眼神，而看到他，就像是看到了过去的我。我知道当一个人深深绝望却又不甘心让自己倒下去时，那是怎样的一种心情。这个人的身上有着某样东西，让我确信他需要人生中另一次让他爬起来的机会。

这时我记起先前我提到过的那位修道院的牧师，他曾经对我说过："乔，当你接受了他人的帮助时，回报他的最好方法就是帮助其他需要帮助的人。"而我自己已经不止一次得到那位牧师的帮助，所以我便决定帮助这位客户得到他所需要的另一次站起来的机会。

我设法让他得到了信用贷款（详细过程并不重要），同时将店里最基本的车型卖给了他。当我把车钥匙交给他时，他向我致谢，我就对他说："有两件事情维系着这笔交易，那就是我的声名和你的声名。你的好声名建立在你良好的信用记录上，你得继续保持这个记录。我对你固然有信心，但更重要的是，你是不是也对自己有信心？从此以后，你要在你每天的生活中一点一滴建立起你的自信，可千万不要让我失望。"

他确实没有让我失望。今日的乔·史卡利欧拥有好几辆高级轿车，进口车和国产车都有，就停在他那装潢华丽的家门前宽广的车道上。他的家占地好几英亩，同时还有一个跟罗得岛一般大小的游泳池，这一切的实现全都是因为那些火力与动力点燃了他的信心。从他走出经销店的那天起，他便用自己的所作所为书写了一个追求成功的故事，当然其间充满着挣扎与挫折、失意与得意。

如同我先前所说的，我时时与客户保持联系，而我与史卡利欧之间也是如此。在那天后的某一日，史卡利欧告诉我："乔，由于你强烈要求我建立自信心，所以从我将车驶进风雪中的那天起，我便开始一点一滴朝着这个方向努力。终我一生，我都在想无论我所从事的是什么，我都要尽我最大的努力，是你给我了登顶的信心。"

我时时留意他事业的发展。他拥有自己的美容院，经过十几年的经营，他终于成为一名成功的发型设计师。在亲自操刀十几年之后，他开始涉足护发产品经销行业。在这一期间他成家了，他跟他的太太芭芭拉（Barbara）在密歇根州以及加拿大的4个省份经销全球某知名品牌的护发产品。

史卡利欧之所以在商界崛起，是不是仅因为他建立了自信，以及他太太的协助与支持？当然不是。那么在攀登巅峰的路途上，他还做了些什么？**他用智慧工作，而他越这么做，他的自信就越强。**

史卡利欧回到学校，决心成为一名最棒的发型设计师。当他开了自己的美容院后，他花了很多的时间去学习头发这门"科学"。他一个接一个把参加在美国以及海外所举行的研讨会，并与该行业中的顶尖师傅共事。这一路走来，他冒了不少风险，但当他察觉机会来临时，他便紧抓着不放。这一切都需要相当强的自信，而他想要成为领域中佼佼者的强烈欲望也为他提供了所需要的动力。

在那个严寒的冬日，当我决定卖车子给他的时候，我就已经在他的身上看到了这种自信。而我所做的，只是协助他将自信转化为实际行动而已。

消除悲观的想法

记住，就像某首歌中所写的，凸显乐观的想法最有效的方法，就是消除悲观的想法。当那些对自己没有信心的人，那些终日抱怨、呻吟的人，那些“可怜虫”想将你的自信心也毁掉时，你得毫不客气地告诉那些小母鸡“哪儿凉快上哪儿待着去”，把他们赶出你的生活圈子。我之所以说他们是“小母鸡”，是因为那种人使我想起了“小母鸡”的故事。

还记得吗？故事里的小母鸡总是低着头在鸡舍四周寻觅啄食，从来不向上看。有一天，一颗橡果掉到它的头上，它尖叫着跑开，并和碰到的每一只鸡说：“老天爷！天要塌下来了，天要塌下来了！”如果其他的鸡，尤其是那些总看到事情不好的一面的鸡也听信它的话，那么它们必然会失去对天空以及对自己的信心。

这是一个有关悲观的想法的例子。但这是不是意味着你在到处闯荡的时候，心中不能有丝毫悲观的想法？当然不是。那些无论做任何事，永远都带着一张愉快的面孔，而且在每个清醒的时候，随时都在练习乐观想法的人，很可能成为一个无聊的乐天派。尽管如此，但我们不要让任何悲观的想法横在你攀登巅峰的路途上。因此，**每一个悲观的想法，都只是用来再度肯定你的乐观想法而已**。

神经心理学家兼自助类畅销书作者保罗·皮尔索（Paul Pearsall）就相信，悲观的想法能够成就一个人的生命，因为如此一来，你能够看到事情的两面：凡事不可能只有顺境而没有逆境。但你该记住的重点在于：你绝不能让任何悲观的想法摧毁你的信心。毕竟，天并没有真的塌下来。

从错误和失败中学习

一个悲观的想法毕竟只是一个想法，除非它转化成了实际的行动，否则它是不会造成任何伤害的。在几个月以前，有位年轻的不动产经纪人，在我的一场演说结束后，走上前来与我交谈。他开口道："吉拉德先生……"

"叫我乔。"我总是希望打破过分正式的藩篱。

"好的，"他接着说。"我一直试着去保持乐观的想法，同时在大部分时间内，我也都努力这么做。我不懂为什么，尽管我的想法是乐观的，但我依然会做错事。"他看起来是如此忧虑，因此我赶紧先让他心情放轻松些。

"我今天早上刚做错了一件事，"我说。"我忘了更改我的航班，而且已经错过了原先订的那班飞机，所以我现在只得排候补的机位，到时再看看情况了。”听了这些，他似乎觉得好过了一点。“重点是，我有没有从中学习到任何教训？当然有，我以后一定会更加留意我的行程表。这虽然不是什么大不了的事情，但错误毕竟是错误。”接着我给了他一个挑战。我要求他坐下，把他认为在工作中或是生活中曾经犯过的 3 个大错写下来。

20 分钟之后，他拿着这张单子回来了。就我记忆所及，他写的大概是这样：

（1）大学读到最后 1 年，还没毕业就退学了；

（2）离开他的家乡，到大城市工作；

（3）上个月在赛马上输掉了一大笔钱。

接着，我们坐下来逐一讨论他列出的错误，看看我们是否能够找出他认为这些是错误的原因。

首先，他当时觉得自己并不需要大学教育，所以他离开了校园，但现在他发现，拥有大学学位可以为他带来许多竞争优势。那他该怎么办？在我没有给他任何提示的情况下，他说他可以去读夜校，同时在短时间内修完他所需要的学分。说完以后，他像是发现了永恒运动理论的秘密一般，脸庞发出光亮，同时发誓他一定会完成他的学业。

其次，他当初之所以离开他的家乡，是因为他觉得别处的月亮比较圆。但事实并非如此，所以他不快乐。因为他懂得如何去销售房地产，所以他说：“我会在得到学位以后，搬回我的家乡。”同样，在这个问题上我也没有给他任何提示。

最后，他喜欢赛马，本来这也没有什么不对，赛马本身就被称为运动之王，但他是凭直觉投入大笔钱去赛马，而靠直觉当然很少会赢。我不是赌徒，他承认他也不是，他觉得自己真是愚蠢。记住，“一个傻瓜和他的钱很快就会分开的。”他这样对自己说。他还说自此之后，他将只允许自己在输得起的范围内，到赛马场上去碰运气。我相信他能够做到。

后来他跟我说：“乔，谢谢你帮助我。”

如果他认为是我帮了他，那我也乐于接受。事实上，是他帮了他自己。他只是找个人谈谈这些事情，就发现了问题所在。而我送给他的话是：“继续保持乐观的想法，即使偶尔摔了个灰头土脸也没有关系，只要你能从中学到一点东西，同时不会让自己再犯同样的错，那就够了。”

事实上，在你登顶的路途上，**犯错常会侵蚀我们的自信心**，而只要是人，就很可能会犯错。但如果你能告诉自己，犯错是可以接受的，那么这种情况就不容易发生。人非圣贤，孰能无过？心理学家喜欢称犯错为“吸取学习的经验”。如果你能从错误中学习并且继续前进，这个说法就**一点不假**。当你真的把它视为一种学习的经验时，你就是重新拾回了自信心。

要知道，错误并不等于失败。而且就算是失败，也是无可畏惧的。我们绝大多数人在一生当中，总会在某些事情上失败：学校里的考试或者某个执照测试没有通过；参加球队的甄选或者某个角色的试演时被淘汰；投资生意失败，或者买卖不成功。像我，就曾经在房屋建筑生意上尝到了失败的滋味。如果我能反击，那么你也能。

问题是，由于我们对失败怀有恐惧，因此往往不再冒任何风险以避免遭受失败的打击，结果常常错失许多成功的机会。而错失一个机会对信心所造成的打击，跟失败一样巨大。然而，就如同你在本书第 5 章中学到的，当你一头栽进一个未知的领域时，你通常会发现你原有的“安乐窝”已不复存在了。

提到离开一个人的“安乐窝”，最痛苦的经验莫过于一个军人发现自己处于被敌人包围的状况中。这时候唯有肾上腺素发挥效力，这个军人才能应付那种危险的情况。法国历史学家阿尔方斯·德·拉马丁（Alphonse de Lamartine）是这么记载的：“男人……冲进战场最激烈之地，在隆隆的杀伐声中重新拾回他的信心。”

当你发现自己不再处于“安乐窝”中，而这不是因为你犯了大错或失败了时，就让自己的肾上腺素在体内释放吧。如果你能一再向自己确认，“犯错是可以接受的，而且失败不是丢脸的事”，那么你就不会因此而失去自信。每天早上对自己重复以上的话，它会帮助你减轻负罪感，而负罪感也是一种负面的想法。然后，如果你犯了大错或失败了，就仔细探究它的原因，这样你才能从中学习，并且降低再犯错的可能性。

赋予自己信任与信心

在美国，棒球是全国性的运动。每个投手的职业生涯，就取决于他在举手投球时与捕手间的那一条线。而每个击球手的情况也是如此，他所面对的是裁判喊出的好球、挥棒落空或者把球远远击出场外等结果。每个击球手如果想让球棒发挥威力，他在站上本垒位置时就必须满怀信心。

我时常在想，每当汉克·阿伦（Hank Aaron）由场边预备区走向打击位置时，他的信心肌力一定在这一瞬间迅速增强。我很喜欢这么想：当时他的信心肌力一定和他的肩膀手臂一样强而有力。当他站在本垒板的打击位置时，他必须相信自己一定能够一击命中，或者成功地配合队友的战术。

他的自信与对自己的信任，终究获得了回报。他打破了巴比·鲁斯（Babe Ruth）的全垒打纪录，在他光荣退出球坛之际，他所创造的新纪录是 735 支全垒打。

最近我接到一封来自宾夕法尼亚州的长信，是一位 46 岁的从事保险业的男子写来的。信上他提到，在长达 14 年的时间里，他连成功的边都没有摸到。而在奋斗了这么长的时间后，他终于离开这个行业，转而从事别的工作。然而当他读到我在《怎样打造个人品牌》一书中所写的有关自信的话后，他写道："我现在明白了，其实过去我并没有真正对自己以及自己的能力有过自信。"他说我给了他希望，相信自己可以做得更好的希望，相信自己能够建立自信心的希望，以及相信自己能够发展一项能够帮助许多人的事业的希望。因此，他又回到了保险业的工作岗位。我相信他一定能做到，因为了解自信存在的必要性，是建立自信的第一步。

关于自信的建立，我从自己身上以及别人建立自信的例子中学到的教训，可以归纳为下面几种态度与行为：

（1）无论你希望做什么，都渴望能够做到最好。

（2）把你所有的火力与动力都发挥出来，并且智慧地加以运用。

（3）说“我相信我办得到，我相信我办得到，我相信我办得到”。如果你说“我办不到”，那你除了到达无处之处外，是哪儿也到不了的。

（4）勇于做不可能的梦，然后回到现实，朝着这个方向努力。

（5）做你自己命运的主人，做自己灵魂的主宰。

（6）要对别人有信心，这样别人才会对你有信心。

（7）与有信心的人为伍，将那些无病呻吟、怨天尤人的人逐出你的生活。

（8）明白犯错是可以接受的，但要从错误中学习。

（9）了解失败并不可耻，一切可以从头再来。

（10）相信自己是第一优先的。

这最后一项，也就是相信自己，是其中最重要的一项。相信自己就如同一部压榨机，它可以激发你克服困难的潜力，同时增强你的信心肌力。我相信你一定会成为一名佼佼者，现在是你相信自己的时候了！

第 7 章

如何记住你是第一？

常常有人提醒你注意你的身份地位，似乎是一件蛮不错的事，尤其当你是个大人物时。

尽管有名的人并不需要别人一直提醒，但媒体，尤其是超级市场里专门挖掘名人丑闻的小报，却不时地提醒着他们，公众的眼睛尤其是记者的照相机，无时无刻不把焦点集中在他们身上。政治人物、好莱坞及电视明星、运动员以及其他新闻人物，虽然有时也会抗议媒体的无孔不入，但骨子里还是很高兴能够在公关经纪人所谓的“笔墨”中占有一席之地。

然而，你和我没有所谓的公关经纪人，因此照理说没有人会四处奔波，设法让媒体报道你的故事。事实上，除非成为众所周知的人物对你迈向事业巅峰是很重要的一环，否则你应该庆幸没有人为你敲锣打鼓，弄得人尽皆知。

当有此必要的时候，会有谁来为你创出知名度？答案当然是你自己。

这时你不要表现得过于自大，以致令人反感，但要让别人对你另眼相看。知道别人可能将你视为第一固然是件好事，但更重要的是，你自己确实知道自己真的是第一。

在这本书的一开始，你就已经知道，认同自己是第一重要的事。同时你也知道，你必须时时让自己牢记成功的景象，并且紧盯着它不放。

不轻言放弃

我个人最崇拜的英雄之一，就是曾经担任过英国首相的温斯顿·丘吉尔。许多历史学家都认为他是英国历史上第二重要的人物，仅次于 19 世纪使英国成为日不落帝国的首相本杰明·迪斯雷利（Benjamin Disraeli）。关于我们前面所说的，不要忘记，也就是说，不可以轻易放弃你对于成为第一的憧憬。迪斯雷利是这么说的："成功的秘诀就在于有心的恒久坚持。"在我们迈向巅峰的路途上，**恒久坚持**，或者不轻言放弃是不断提醒你自己是第一的一个好方法。这句话你必须每天都对自己说。

你当然也可以对别人说，但注意不要显得太张扬。方法之一就是在衣领上佩戴一枚"No. 1"的领针。可以购买也可以自制一枚。你知道我就一直戴着一枚。当我对那些销售员演说时，他们常走上前来，看到这枚领针时他们会说："原来就是这个小东西时时提醒你，你是世界上最棒的销售员！"

然而，我的答案出乎他们意料："不，这枚领针是提醒我，我在任何事情上都是第一。在我的工作中、游戏比赛中以及我的家庭中等等全都是。它不断在提醒我。"讲到这里，我常会往下看着演讲的大礼堂，同时向他们指出，当我向前直视时，我不需要移动我的双眼，就可以同时看到两边的墙壁、天花板以及地板。即使如此，我的左眼仍然可以瞥见我衣领上领针所闪耀的光芒。我告诉那些人，即使我的双眼紧盯着一幅硕大的远景，这枚小小的领针也会传达给我一个讯息，告诉我哪里最适合我。

无论你努力追求的目标是什么，你想攀登的高峰是哪一座，你所眺望的"大远景"又是什么，我的建议都是：**找一样东西，用它来提醒你自己，你是这个"大远景"里的大人物，你是第一。**

举例来说，我就认识一位年轻人，他拥有一家生意繁忙的自动洗车店，同时他还想着开另一家分店。他的短期目标是要在他所居住的城市中成立自动洗车的连锁店，同时他还发誓，他最终的目标是要成立一个他所谓的"天上才有的超大型自动洗车企业王国"。如此这般，他便是在寻求成为第一。但他是不是一如我先前建议的那样，也佩戴了一枚"No. 1"的领针？不，在他的衣领上，佩戴了一枚四叶草的领针。人们对他说："这是一个可以为你的事业带来幸运的护身符，对不对？"他笑笑，回答说："它和幸运一点儿也扯不上关系，我之所以戴着它，是要用它来提醒我，当（可不是如果）我达到我的目标时，那是由于我自身的努力，而不是由于幸运之神的着顾，或者幸运女神在对我微笑。"

因此，你该对自己说些打气的话，或者佩戴某样东西来帮助你提醒自己，你就是第一。要经常对自己说这些话，或者时时佩戴着它，让它来提醒你。

千万别吹牛

有许多人借着不停地向别人夸耀，试图让自己相信他们就是第一。这个方法有时或许会奏效，但通常行不通。

拳击手穆罕默德·阿里（Muhammed Ali）是不是常对自己大喊“我是世界上最伟大的拳击手”？可查的记录似乎不多，但可以确定的是，他对别人说的次数绝对不在少数。他这么做，究竟是为了向自己证实，还是纯粹想在心理上吓退其他重量级的挑战者，谁也无从得知，但如果真要在这个问题上辩出个结果来，那可能要花上好几个钟头。我所知道的是，有好些人认为，阿里愈是这样大喊，他们就愈看轻他，觉得他只不过是个凡人，不是拳王。

我曾经多次提到，你相信你是个什么样的人，你就是什么样的人。我相信，穆罕默德·阿里对自己说出来的话是深信不疑的。“我是最伟大的”当然是他的一种自我肯定。重点在于，无论你肯定的是什么，都不要让人反感。因为如果你要别人相信你是第一，就该记得那句老生常谈但又真实无比的谚语：**行动发出的声音远比言语来得大。**令人惊讶的是，许多大嘴巴常会忘记这一点。

想想那些公众人物，他们的成就已经明白地向世人透露出他们就是所在领域里的第一，无须每次一张口就提醒大家这个事实。如果他们真是第一，我向你保证，他们只会向他们自己肯定这件事。

沉默、谦卑、不自负的圣雄甘地（Mahatma Gandhi）从来不需要告诉别人他是谁。然而，这位当时印度的第一领导人，却坚定地排除万难，终于为印度争取到独立。另外，著名的喜剧演员杰里·刘易斯（Jerry Lewis）很少为自己做宣传，但他每年在为肌肉功能失调的病童主持马拉松式的慈善筹款活动时，就向世人展示了他就是第一。

美国通用汽车（General Motors）董事长及前董事会主席艾尔弗雷德·斯隆（Alfred Sloan）——我卖的车子便是这家公司制造的——则是以他在汽车工业中的地位，向世人证明了他才是这个产业的第一龙头。除此之外，他的爱心也是广为世人所知的，例如，位于纽约的斯隆·凯特林癌症研究中心（Sloan-Kettering Institute for Cancer Research），就是他以慈善心肠向他人送去关怀的无言证明。

至于那位知名摄影家安塞尔·亚当斯（Ansel Adams），他所拍摄的美国东南部的一系列照片即证明了，他是摄影圈里最棒的摄影师，无须他亲口告诉你。

丹尼·凯（Danny Kaye）以他独特的表演以及歌唱才能为无数人带来了欢乐，他的喜剧天分使得他能够轻易地逗人发笑。但他对于自己的才能表现得相当谦虚，且在其他事情上所表现出来的态度似乎更为谦逊。例如，他默默地为联合国国际儿童紧急救援基金会※（United Na-

※ 即现在的联合国儿童基金会。——编辑注

tions International Children's Emergency Fund，UNICEF）奉献心力，这件事显示出这位在自己的领域排名第一的人物，对全球不幸儿童所怀抱的真挚关爱。

我居住的密歇根州的前州长、曾经担任底特律市长的弗兰克·墨菲（Frank Murphy），基本上是一位相当害羞、客气的人。他之所以能够达到巅峰，所凭借的就是自我肯定。他一再告诉自己，只要他想做，就一定能做到。而他这一路走来所留下的脚印包括：底特律市长、美国驻菲律宾大使及高级行政官、美国首席检察官、美国最高法院法官。他从不需要告诉别人他是第一，然而在我居住的城市里，弗兰克工作的法院就矗立在那里，它就是最佳的明证——一个大得无法佩戴在衣领上、象征着第一的标记。

这世界上有着许许多多排名第一的人物，他们通过自身的作为与态度让你知道了这个事实，而根本不需要佩戴任何领针，过去如此，今天也是如此。我相信你一定能够举出一长串名人，他们正默默地为使自己成为第一的事业努力。事实上，在你的朋友与亲戚当中，很可能就有这样的人。

同样，这世界上也有许多人，他们主张一定要到处嚷嚷，才能让他们自己和别人相信他们有多重要，才能确认他们才是第一。但大声宣扬是一回事，如何让做的和说的一样好，又是另一回事，这才是最困难的部分。

你以为你是谁?

在演讲当中，我常常请一些观众（大概 6 个人左右）到讲台上来，然后要他们告诉我他们就是第一。

我要他们大声而且清楚地对着在场的观众说："我是第一!"听到他们扯着喉咙声嘶力竭地喊叫，是相当有趣的事。接着困难的部分开始了，我问其中一个人："成为第一对你究竟代表着什么?"

"代表我是最棒的。"通常他们都这么回答。

我又问讲台上其他人相同的问题，我也得到同样的回答："我是最棒的。"

我看看他们，然后向台下的观众使眼色。"很好，如果你是最棒的，"我对那位第一个被我问到的人说，"可是其他人也说他们是最棒的，那你究竟该排在哪里?你们总不可能全都排在第一吧?"我这样做是为了指出：当你认为自己是第一时，你必须跟其他同样肯定自己也是第一的人，一并考量你们之间的相对位置。

于是，我告诉了他们约翰·汉考克（John Hancock）的故事。这个伟大的人物就是在美国独立战争时，第一个上前签署《独立宣言》（Declaration of Independence）的人。他把自己的名字写得好大好大，大到你以为他想把整个页面都占满。正由于他的签名是如此明显，所以到今天我们甚至用"把你的约翰·汉考克放上去"这句话来表示要求某人在某样东西上签名。在汉考克签了那份宣言后，其他 55 位来自 13 个殖民区的代表只得把他们的名字勉强挤进去。尽管汉考克的签名比其他人来得大，但其他人的名字在那份文件上的重要性却不亚于他。因此尽管他是第一，但他只是在其他众多相同的人当中，位于最前面罢了。

因此，在这里我要指出，每一位跟我一同站在讲台上的人，都是在与我相同的人当中位于最前面的一个。古希腊人伊索（Aesop）在他的一则寓言中说道："接受你的命运吧，没有人能够事事都领先。"我说那是鬼话！你能够领先，你能够成为第一，但是你要记住，你只是众多相同的人中的第一个。

例如，陪审团里的陪审长就是众多相同陪审员里领先的人；又如，罗马天主教的教皇，罗马主教，只是在主教中居首的一位；再如，曲棍球或者其他运动球队的队长，也只是在众多队员当中排在前头的一位，而大家的重要性都相同。

约翰·汉考克的故事常能帮助我把这个重要的观点解释清楚。我喜欢历史，尽管我并没有受过太多的学校教育，但就像马克·吐温（Mark Twain）所说的那样："我从不让上学一事妨碍我的教育。"我是什么人？我怎么敢不同意这位密西西比河的领航员兼美国伟大作家所说的话？我曾经对我自己说过：如果他能做到自我教育，那么我也能。在你迈向成功的巅峰时，我也把这句话赠送给你：如果我能，那么你也能。

《喜爱陶瓷》（*Like China*）一书的作者瓦利·奥康纳（Varley O'Connor），就曾经描写过这么一个人物，在她的桌上放有一块陶瓷做的饰板，上面写着："假装你是什么，最终你就会成为什么。"这真是一则好忠告。因此，做任何事时，都当自己是第一，那你就会成为第一。不久，你就可以肯定自己是第一了。

对攀登巅峰的你而言，谨记自己是第一是很重要的路标。威尔·罗杰斯（Will Rogers）这位著名的牛仔诙谐作家、《齐格菲歌舞团》（*Ziegfeld Follies*）一剧的明星兼电影演员，曾经说过一句话："我还不曾遇到一个我不喜欢的人。"他这句话已经被许多人引用过，但我们要知道，**真正喜欢别人要从喜欢自己开始**。如果你不喜欢自己，那么你是无法成为第一的。我的办公室里贴着一条标语，它就位于人们一进办公室最先映入眼帘的地方，上面写的是："我喜欢你！"如果我不是一个先喜欢自己的人，那么我是绝不会这么说并且真心这么说的。我猜想罗杰斯的感觉一定也是这样。

因此，应每天一再地向自己肯定：你是第一。不仅如此，你的行为举止也要表现得如同你真的是第一那样：走路时抬头挺胸，犹如你是第一；穿着打扮也要跟第一号人物的身份相当；言谈时留心遣词用字，不说长道短，让人一听就觉得你有第一号人物的不俗谈吐。当你喜欢了成为第一的你，那么你就会喜欢别人，同时也把他们当作第一来看待。除此之外，**无论何时何地，你都要以第一号人物的智慧去做事**。

热心先生

在密歇根州，收听广播的人几乎每天都会在收音机的广告里听到拉尔夫·尼科尔斯（Ralph Nichols）的声音。他提醒人们要抓住每一个机会，在职业生涯里勇往直前，就像他一样。他是拉尔夫·尼科尔斯公司的首席执行官。从 1968 年开始，他就获得执照，创立并经营这家公司，以推广卡内基的课程。他的公司被视为得到了戴尔·卡内基的特许或赞助，而非只是加盟店的性质。他的业务领域遍及整个密歇根州，现在进一步延伸到了加拿大的安大略省。

我猜想大多数人，尤其是商界中人，都对戴尔·卡内基所著的《人性的弱点》（*How to Win Friends and Influence People*）一书相当熟悉。这本书可以说是开创了心理自助作品的先河，算得上是戴尔·卡内基课程的基石。

多年以前，拉尔夫·尼科尔斯走进我作为经销商的办公室，那是我第一次与他碰面。他说他是专程来向我握手致敬的。为什么？“因为你，乔·吉拉德，就是我课堂上的教材，”他这么说，“你是第一号人物。”他无须告诉我，在他的事业及生活里，他也是第一。他那具有爆炸性的热情，已经在他所说的每一个字里展露无遗。从那时开始，我们便成了好朋友。他曾经把我那句“电梯不管用”的口号做了些修改，将它改成：“一步步走上去，否则你就只能望阶兴叹了！”

尼科尔斯的父亲来自南非，他培养了他儿子对读书以及遣词用字的热爱。因此，尼科尔斯的背景可以说是西洋棋与书本的综合体，外加板球与足球。更重要的是，他建立了很强的自律观念。他有强烈的意愿想要开创成功的事业，以回报他父亲对他的信心。对尼科尔斯而言，这个动力就成为他所谓的不悔的信念，一个在他选择的领域中成为第一的坚定信念。

他在美国海岸警卫队（U. S. Coast Guard）服役期间，无意间接触到了戴尔·卡内基的课程，马上为之着迷。从那时开始，那些课程里的观念便成了他往后职业生涯里的指南针。在海岸警卫队严格艰苦的训练和管理以及戴尔·卡内基为他开启的世界，让尼科尔斯坚信他能够做好任何他必须做的事。如果有人命令他倒立一整年，他相信自己也可以做到。他能够完成任何交办的工作，只要他相信他做得到，他就做得到。最后，他选择了以教授卡内基课程作为他的终身职业。

除此之外，尼科尔斯还有另一项收获——他获得了一位良师益友。尼科尔斯说："那个人就像是我的兄弟，同时也是我的朋友、伙伴和老板。"这位良师益友就是巴德·霍格伯格（Bud Hogberg）。他灌输给尼科尔斯一些重要的原则，比如要用功读书，如果有必要半夜也要爬起来做笔记；凡事都要比别人多下一点工夫；要相信别人及他们的价值；要以乐观的态度去冒险；要做那些成功人士会去做而失败者不愿做的事；要随时愿意接受一些可能会令你窘迫的情况；不要因为别人的劝阻就放弃追求你的目标；要永远记得为自己的生命负责；同时，为了迎接到达巅峰的那一天的来临，积攒一切资源。

在现实生活中，尼科尔斯强烈渴望变得富有，但不以牺牲别人为代价，只是希望能够享受生活中的美好事物。还记得当我提及每个人对于成功有许多不同的定义时，我曾经指出有钱没什么不好吗？他相信在任何方面自己都是第一，基于这个信念，尼科尔斯决定先付钱给自己：每赚进 100 美元，他都一定会先付给自己 10 美元，然后把它存进银行。每当有 1 000 美元时，他就存 100 美元，就这样，他的积蓄一天天增加。有了积蓄就意味着无须向银行借钱，这是他的那位良师益友告诉他的。

尼科尔斯的皮夹里一直放着一张皱皱的纸条，它上面写着："你需要这个吗?"每当他想要花钱买某样东西时，他就把这张纸条拿出来，提醒自己再考虑一下。这个方法很有效。在他开始教授卡内基课程、向别人推销这个课程的价值、招收许多人参加这个课程的过程中，他终于存够了钱买下自己的房子，并且经营自己的公司。他遵循他所学到的基本原则，同时还热心地把这一切与其他人分享。因此，我称他为"热心先生"(Mr. Enthusiasm)。他从不犹豫不决，这一点尤其表现在他攀登巅峰的决心上。

尼科尔斯从不夸耀他的成就，所以就由我为他宣扬。他是全球最棒的卡内基课程的推荐人，这全是因为他一向坚信自己是第一。大多数人都寄希望于奇迹的出现，但像尼科尔斯这样的第一号人物，他们预期奇迹必然会出现。

记住，成为第一就表示你是群体里的精英，而精英总是会攀上巅峰的。

第 8 章

小心绿眼睛的恶魔

在你攀登巅峰的路途中，有两个词必须从你的字典中删除：嫉恨与嫉妒，前者的恨意和敌视程度高于后者，但你必须确定不让其中任何一个影响你的态度和行为。要这么做并不容易，但绝对有必要。

嫉恨常被称为绿眼睛的恶魔，而嫉妒则被列为七宗罪之一。就你的宗教信仰教义而言，你或许并不认为嫉恨是一宗罪，但它仍然可能致命。

如果你对某人怀有嫉恨或嫉妒，那么可以确定的是，它们不仅会伤害到你这些情绪所直指的人，而且你所受到的伤害可能更甚于他们。嫉恨与嫉妒就像疾病一样，它们会在体内不断啃噬你。除此之外，你对别人成功的嫉恨与嫉妒，反倒会激发对方更上一层楼，这可能是你原先完全预期不到的事。举例来说，别的销售员对我的嫉恨，对我来说仅仅是一种挑战，促使我去创造新的汽车销售纪录。我们在各行各业中都可以看到嫉恨与嫉妒的踪迹。

停下脚步反思

让我们花些时间好好想一想，嫉恨与嫉妒在这世上已经制造出多少悲剧。事实上，我们很难阻止这两种情绪在人世间兴风作浪，对许多人而言，他们简直就像是居住在这两种情绪之中。

因为别人在事业上或者生活上所拥有的一切而感到椎心刺痛，这种感觉会带给人们多少不快乐？有多少家庭暴力是由于嫉恨心作祟？如果发生家庭暴力，那么儿童受虐的情况通常也难以避免。

有多少婚姻毁于嫉恨？有时候人所嫉恨的确有其事，但有时候却纯粹是出自幻想。这世上又有多少自杀事件是嫉恨或者嫉妒或者两者共同的产物？有多少人因为嫉恨或嫉妒别人而犯罪，以致身陷囹圄？除此之外，被某个你甚至不认识的人嫉恨，可能会给你带来大麻烦，害你花冤枉钱，甚至对你本身和你的声誉造成损害。

最近，我就接到了美国国内收入署（Internal Revenue Service，IRS）刑事调查处（Criminal Investigation Division，CID）打来的一个电话。那样一个电话常会使得任何人的血压立即蹿升。那通电话是知会我，他们接到一封“我”写去的信，要求他们调查我自 1984 年以来的退税资料，这样就可以发现我在费用项目上做了假账。

什么？当然，事实是我从未写过这么一封信。这封信是由佛罗里达州的杰克逊维尔市寄出的，上面还有看起来像是我的名字的签名。事实上，在过去 10 年间我已经好几次受到税务人员的查账，但从未被发现做过任何不合法的事情。

而美国国内收入署刑事调查处的人对这封信也深感惊讶，他们以前从未碰到有人竟然会将犯罪的事情指向自己。我告诉他们如何确认这封信其实是伪造的：它的签名是吉拉德（Girard），但我在退税单上签的名字是吉拉弟（Girardi）；此外，这封信上也没有写上我的社保号码。

当然，这件事还是害得我花钱去澄清一些我从未做过的事情。我的律师基于《资讯自由法》（Freedom of Information Act），要求美国国内收入署提供所有关于我的个人所得税的检举信的影印本。**这些信说明，由于我多年来在汽车销售上的成功，我树立了不少敌人。**同时这件事还说明，伪造信件的威胁对我来说已经算是家常便饭了，更重要的是，在一些场合中，甚至连我的生命都受到了威胁。为此，我已取得拥有枪支的许可。尽管我已经厌倦了许多冲着我来的恶作剧，然而我也明白，由于我的名字跟工作地点已经广为人知，因此我未来仍会继续成为他人嫉妒心的受害者。

像这种因对我个人成就的嫉恨，或是生意上的嫉妒而导致对方陷入身心痛苦与不便，或遭受金钱上的损失，你能想象到那种感受吗？报复的滋味绝对不会甜美，而且在大多数情况下它会反噬，结果反倒对报复者产生不利的影响。

嫉恨和嫉妒都是病，它们都具有传染性。当一个人对别人心怀妒意时，通常就表示这个人的身心已经中毒了。如果你想要攀登巅峰，而我也知道你确实想这么做，那么就利用如同警察行动的方式，彻底铲除这些会导致自我毁灭的不当情绪吧。

我曾经多次目睹嫉恨与嫉妒是如何毁灭一个人的事业的。我曾经见到在汽车销售圈子里，销售员是如何想尽办法成为每月的销售冠军的。遗憾的是，我也见到我的销售员同行，有的将他们的努力放在如何将车子由展厅移到马路中间上。他们不把时间花在挖掘潜在客户、打电话给认识与不认识的人和追踪每一笔交易上，却把时间与精力用在打击别人的士气、贬损那些辛勤工作的同事上。他们根本就不明白，**对那些辛勤工作的家伙来说，每一次嫉妒的攻击都是另一种激励**。

我曾经有过一次痛心的经历，亲眼看见嫉妒几乎摧毁了我的家庭。由于有些人嫉妒我在《吉尼斯世界纪录大全》上的地位，便到处散布谣言，说我已经死了。在我得知这件事以前，别人已经打电话到我家里，表达他们的同情并且询问究竟发生了什么事。你能想象这一嫉妒的“恶作剧”对我的家人造成了多大的伤害吗？当然，要对它一笑了之也不是太难的事，就连马克·吐温也只能这么做。他是这么说的：“那些关于我死亡的报道都太夸张了。”

要为他人骄傲，不要嫉妒

当有人得到某些有价值的东西，比如升了官、买了一辆新车、购置了一幢新房子、外出旅游时，我们常常会说：“好家伙，我真嫉妒你！”我们这么说的时候，我们或许真的嫉妒对方，或许并不，我们只是用它来表示我们羡慕。尽管“嫉妒”是个简单的词语，但使用它却可能很危险。我们每用这个词一次，它就植入我们心灵当中更深一层。用了这个词，只不过强调了我们内心一种潜在的感觉，也就是那种我们不会明明白白表现出来但会不时操控我们行为的情绪。

当你说你嫉恨或嫉妒某个人时，你可能只是随意说说，同时你也可能相信你并无任何恶意。尽管如此，但你最好还是不要把这些字眼说出口。在日常生活中，我们常会因为说了某些表示憎恨、厌恶、怀疑、轻蔑的字眼而后悔不已。我把代表嫉恨与嫉妒的字眼也归入这种字眼中，尤其是这两个词本身。

你还记得小时候常用的一句谚语吗？“棍棒跟石头或许会打断我的骨头，但谩骂就不会对我造成伤害。”这句话是错的！谩骂也会伤人，所以不要说任何可能表露出你在嫉妒他人的话。同时，如果你能够确定你根本没有这种感受，那你就绝对不要说出口。

底特律被称作汽车城，就跟纽约被称作大苹果，达拉斯被称作大D（Big D）一样。而全美国最成功的唱片公司之一即始于汽车城（又称“摩城”），那就是摩城唱片公司（Motown Records）。摩城唱片公司捧红过许许多多的大歌星，如“至高无上”（Supremes）组合、黛安娜·罗斯（Diana Ross）、杰克逊五兄弟（Jackson Five）、史摩基·罗宾逊（Smokey Robinson）、史蒂维·旺德（Stevie Wonder）以及马文·盖伊（Marvin Gaye）等。如果我们假定这些表演工作者很可能成为娱乐圈里其他人嫉恨和嫉妒的目标，那么这是很合理的事。事实上，演员、歌星以及舞者所面对的来自其他同行的嫉妒，可能是其他人所远不及的。这或许是因为他们的高收入、影迷们对他们的崇拜以及他们拥有的广大影响力。

然而，不时有一些已经红了二三十年的演员公开表示对某些新晋的歌星、舞者和演员的支持。老一辈的佼佼者已将这种美德发扬光大，他们明白，嫉恨与嫉妒新晋人员是无济于事的。那些新晋人员为了能够大红大紫，当然要付出相当大的代价，就像那些已经成名的人当初所做的一样。才能是最重要的，不论它表现在哪一方面；而我们对于他人的成就所感受到的情绪，应该只有为对方感到骄傲。

当你努力攀登巅峰时，要把对他人的嫉恨转化成为他们的成就感到骄傲。不要只是说："我希望能够跟他或她一样。"你应该实实在在地去做一些事，才能使自己取得跟他或她一样的成就。既然嫉恨与嫉妒的情绪并不能让你从球员休息室走向球场，那你为什么还要坐在场边任由这种思想泛滥？

如果你总是担忧别人在做些什么，以及他们是如何做的，那么你会发现你在攀登巅峰的路途中将倍感艰辛。当你看到别人表现得非常好，取得了成功或者正在享用胜利的成果时，就要好好看看他们有什么是你可以借鉴的。可能只是一个微笑，也可能是他的态度、一句好话、一段新潮的话语。在你察觉到之前，你早已经把你的嫉恨抛到九霄云外，同时你也将自己的本领积累起来了。

当你一步步努力迈向巅峰时，嫉恨与嫉妒是你承受不起的重担。

因与果

科学家和物理学家都知道，对于每个“因”而言，一定有个相对应的“果”。事实上，这个果本身也可能是因，从而又造成另一个果。有因才有果，因果循环不止。譬如地球内部的压力不断蓄积（因），使得火山爆发（果），而火山熔岩跟灰烬四溢（因），造成山边村庄被覆没（果）。因此而造成的损失（因）则促使村民重建他们的家园并开启他们的新生活（果）。如此这般，因果不断循环。

有些事件不如这种地动山摇的情况那样令人触目惊心，但它们的因果关系也可能同样影响深远。譬如当嫉妒与嫉恨是那个因时，想想它可能产生的果：

- **谋杀**：亚当之子该隐（Cain）之所以杀害他的弟弟亚伯(Abel)，就是因为他嫉妒他的兄弟。
- **背叛**：约瑟夫（Joseph）的兄弟之所以把他卖到埃及当奴隶，就是因为他们嫉妒他是父亲的最爱。他们无法忍受他身上所穿外套的缤纷色彩。
- **友谊破裂**：我认识一位中年的新闻从业人员，他非常嫉妒他一位出名的小说家朋友，也嫉妒他朋友所出的书。而另一方面，他那位小说家朋友却嫉妒这个新闻工作者由于一篇为国人皆知的出色报道而被提名“普利策新闻奖”，因为这一奖项是那位小说家根本沾不上边的殊荣。结果这两位朋友从此不讲话了。

吉拉德的对策

如果你想攀登巅峰，以下是几个驯服那个绿眼睛的恶魔的方法：

（1）**想想别人好的一面，尤其是那些容易招致嫉妒的成功人士。**喜欢一个人不仅是因为他是什么人，同样重要的是，你必须因为他不是什么人而喜欢他。如此一来，你心里就没有空间容纳嫉妒了。

（2）**让自己对一些传染性的字眼产生免疫力，例如嫉恨与嫉妒。**想想你手臂上或者大腿上的疤痕，它就是你的疫苗，使你不至于嫉妒他人，或者成为他人嫉妒心的受害者。

（3）**戒除某个坏习惯的方法之一就是用好习惯来取代它。**你也可以用同样的方法来对付这个绿眼睛的恶魔，也就是用别的字眼来替代这些恶毒的字眼。例如，当你看到别人的成就和成功时，在你的思维里将嫉恨换成赞赏，将嫉妒化为骄傲。

（4）**经常设想自己应该做什么，而不是去想别人做了什么。**如果别人获得成就当之无愧，就想想怎么做才能够使自己跟他们一样，而不是嫉恨他们已有的成就。

第 9 章 成功四策

策略一：记住别人的名字！

这是一位男士如何由一个小镇上的无名小卒，成为美国中西部一家好餐馆的主管的故事。已故的温斯顿·舒勒（Winston Schuler）在20世纪30年代中期接管了他父亲旅馆里的餐厅，将这间原先只有20个座位的小餐厅发展成为家族企业，而后在密歇根州开了多家分店，打造出一条绕密歇根州南部的餐馆带。《旅行假日》（*Travel-Holiday*）杂志曾将这家颇负盛名的餐馆列为全美最佳饮食场所之一。

这跟人名有什么关系？有很大的关系！尤其是当你得知某个人的名字后，把它记住，并用在好的地方。这是温斯顿·舒勒的策略之一，也是他在攀登巅峰的途中所运用的诸多重要方法之一。舒勒有许多关于记忆的技巧，有些是真金不怕火炼的真理，和我在《怎样打造个人品牌》一书中提到的很相似，有些则是他为了适应个人的特殊情况而独创的。

在 20 世纪 20 年代末期，舒勒曾在餐厅里当侍者以完成他的大学学业。大学毕业以后，他在苏必利尔湖畔一所偏远的高中担任教授美国历史的老师，兼学校橄榄球教练。他在接管他父亲位于密歇根州马歇尔的旅馆餐厅之前，是一名活跃的运动健将，是橄榄球的四分卫和中卫、棒球的一垒手，同时也是篮球的后卫。那时候他就强调，必须知道自己队友以及对方球员的名字。1940 年，他将紧邻父亲旅馆的房子改建成了保龄球馆。

在第二次世界大战期间，舒勒成为一名海军补给军官。有一次他到华盛顿出差，正好得到了一个满足口腹之欲的大好机会——他虽然还称不上是个老饕，但也差不多了。首都那几个最棒的公务餐厅他都吃遍了，如联邦调查局、最高法院、五角大楼以及其他政府机构内附设的餐厅。除此之外，他还设法得知了绝大多数与他接触过的军官的名字，并且牢牢记住。

在战争结束后，舒勒回到马歇尔，同时扩大餐厅的经营规模。由于保龄球工人罢工，他保龄球馆的经营，而将球馆改建成餐厅的一部分。这个过去为球友们提供运动的充实与快乐的场地，现在已经成了百年纪念馆（Centennial Room），原有的餐厅成了提供一系列丰盛的乡村佳肴与亲切服务的连锁餐馆的总公司。温斯顿·舒勒用自己的方法取得了巨大成就，成为百万富翁。和我一样，舒勒也获得了由美国学术成就学会（American Academy of Achievement）一年一度颁发的“全美杰出人士”的“金盘奖”。

现在，这家公司已经交由舒勒的儿子汉斯（Hans）和孙子拉里（Larry）接棒管理，换句话说，一家四代均从事餐饮业，以服务社会大众。如今舒勒的餐馆在密歇根州已是路人皆知。除此之外，舒勒的餐馆里还供应一种风味极佳、利用洗衣机搅拌的起司点心，这也是他声名大噪的原因。这种起司点心就是舒勒成功的秘诀吗？一部分可以归功于它，但最主要的原因还是在于舒勒对于他人的名字过目不忘。他对每一位到店里来的顾客都热诚欢迎，就像欢迎到他家拜访的宾客一样。同时，他会记住每一位和他有过接触的人的名字。当然，尽管舒勒记忆人名的记录相当惊人，但也达不到100%——只有99%。

他是如何做到的？舒勒每遇到一个初次见面的人，无论是顾客、商场上的同行还是员工，他都会问他或她的名字，而且是全名。然后舒勒将这个名字重复三遍。他发现有种方法可以帮助他在接下来的对话中很自然地做到这件事。舒勒声称，经过这道程序以后，他就可以永远记住这个人的名字了。

得知一个人的名字并且绝不忘记，就是舒勒的哲学。当然，他也用了一些“诡计”来帮助自己做到这一点。他在餐馆时，会留心别人的谈话，然后把名字暗暗记下。如果有4个人围坐在一张方桌旁，他就会走上前去介绍自己，同时问到这些客人的名字。然后他便将他们4个人与东南西北四个方位联系在一起：史密斯，北；琼斯，东；等等。如果是6个人或8个人围坐在一张圆桌旁，他就将他们与手表的指针方向联系在一起：史密斯在2点钟方向，琼斯在8点钟方向，依此类推。

他总是写下这些名字。在晚上睡觉前，他会再重复一次。除此之外，重复是记忆的不二法门，而舒勒的方法也确实有效。你不妨也试试，挺管用的。

策略二：心无旁骛！

吉姆·利帕里（Jim Lipari）的批发事业是从一个极为卑微的起点逐步成长起来的。的确，在底特律的东下区，你随便走过一个街角就很容易发现自己置身贫民区，站在一个热闹的教区礼拜堂前，或是在一个充塞着农产品、肉类以及鱼货的集市中。我想它跟其他多数大城市的“东下区”一样，都是大量外国移民聚集的地方，像纽约、芝加哥、西雅图、旧金山等都是如此。

而底特律的东下区是利帕里食品（Lipari Foods）公司的诞生地，该公司年营业额高达 3 500 万美元，拥有大型的生鲜及冷冻肉品、乳酪、烘烤食物以及其他农产品的仓储中心，这些物品随后再被运销到各地的零售商店，而它的销售网络几乎遍布整个密歇根州和俄亥俄州。

从军队退役后，吉姆·利帕里便在他父亲经营的家庭式的小杂货店里帮忙，但他一直很渴望拥有自己的事业。当美国经济衰退时，他的机会来了。他渴望拥有成功。

吉姆·利帕里先是调制烤肉酱分送给亲朋好友们（如果运气好的话，是卖给他们），结果大家都很喜欢它的味道，于是他们开始主动向他买，就这样很快出现了大量的需求（这一烤肉酱的秘方很多年前就已经改换过了，但利帕里在他的办公室里仍存放着最后一罐最原始的烤肉酱——这可是收藏家乐于收藏的）。接着吉姆·利帕里便购买了一间小仓库，将它打扫干净并粉刷后，就在这儿开张营业。然后他又尝试调制意大利面酱。［他常故意笑着问道：“谁是保罗·纽曼(Paul Newman)?”］

他很清楚，除了意大利面酱、烤肉酱以及其他酱料之外，他还需要卖点其他东西才行。于是他驾驶着客货两用车，造访各地的零售商。对这些零售商而言，他扮演着制造商、中介、卡车司机、销售员以及铺货员等多重角色，但他并没有因此而成功。

你们可能在我之前就已经猜到了会有这样的结局。因为他在同一时间做了太多的事情。他一心想做“大事业”，然而做起来却有点“小家子气”。他什么都想做，结果却落得一事无成。有一天我对他说：“吉姆，你就像一艘没有方向舵的船，在大海中到处闯荡。”

“你想要说什么，乔?”他问道。

“保持在你的航道上，一旦决定了你真正最想做的是什么，就不要再犹豫不决。把你的航道画下来，然后就依着这个航道前进。”

他真的就这么做了，而且在他攀登巅峰的路途上，他一直将“保持航道”这句话奉为宗旨，遵行不渝。他下定决心跳出制造者的角色。接下来，他决定继续从事分销食品的业务，但不再调制各种酱料。于是他成了代理其他制造者产品的经销商，在把他们的产品卖到零售店以前，他会给每样产品都贴上标签——有些用的是制造商的品牌，有些则贴上“利帕里食品公司”的标志。

自此以后，他就没有偏离过航道。当然，一路走来不免有些起起落落，但利帕里靠着坚定的毅力执行他的规划与销售策略。我跟利帕里很熟，可以说是看着他的事业一路成长起来的。而自从我告诉他，不要再依着风向随意变换方向后，他就不曾出现过一会儿东一会儿西的情况了。

今天，利帕里食品公司的销售人员在密歇根州及俄亥俄州各地造访当地的超级市场、杂货店，同时在它们专属的货架及冷柜中放置各种奶酪、意大利香肠、冷盘、鸡肉、烤肉制品、酱料、醋以及其他各种食品。当利帕里看着他的车队满载着货品出发时，他不禁回想起当他还是个小孩时，在那段艰苦的日子里，他是如何决定试制一些烤肉酱、意大利面酱，然后想靠它们赚点儿钱的。而就在他明白自己实在是犯了“贪多嚼不烂”的毛病后，他就一直将“保持航道”当作他的座右铭，同时一心向前，不再彷徨。

策略三：从自己的菜单中挑选菜品

有一次，我在前往拉斯维加斯的飞机上遇到一个人。他主动告诉了我他成功的秘诀，但要求我不要把他的名字说出来。我同意之后，他对我说，他早已通过书本封套上的照片认出我了，而他是新墨西哥州一位富有的牧场主人。我于是问他，这是否就是他人生以及事业上的“巅峰”？

“当然，不然还有别的吗?”

“如果我说得不对，请原谅我，”我接着说，“但作为一名成功的牧场主人，不是仅仅表示你拥有许多地产、许多牲畜、大片水域以及一个可以消化你所畜养的动物的稳定市场吗?”

他听了笑着说：“当然，那些是必要的条件。我的土地并不是自己买来的，是父亲遗留给我的，土地、房舍以及所有的东西都是。但当它们被交到我手中时，情况非常糟。我的父亲是一个沉溺于梦想的人，他从来就不知道如何好好利用已有的财产去追求更大的财富。”说到这里他停顿了好一会儿，我可以看出他正陷入沉思。“吉拉德先生……”

“叫我乔。”

“好的。我之所以会有今天，完全要归功于我所做的一切，我所做的决定，以及我所制定的目标。幸好我继承我父亲的土地还不算太迟，如果再晚个 5 年，所有的产业可能都被他败光了。”

他说这话时，我们正飞越密西西比河的上空。“我父亲常常吹嘘他的土地有多广阔，即使骑着他的马横越这片土地，也要花上好一段时间。然而，我却不这样想，我在意的是这片土地能有多少收成，如何让它的生产力更高，同时绝不让它有任何机会从我手中流失。”

“乔，我曾经看过你的书，但没听过你演讲，而我非常喜欢你提出的看法。尽管如此，但我营销东西的手法却和你截然不同。我并不需要知道如何举办一场说明会，或者如何去完成一笔交易。我所做的只是拟一份菜单，然后照菜单为自己点菜，就像那些高级餐厅一样。”

“菜单?”我听得一头雾水。

“是呀。就像你不可能吃尽餐厅菜单上所列的每一道菜，所以你只选择你喜欢吃的一样，我也不可能一口气做尽每一件你所建议的事情。毕竟一个人并不一定要亦步亦趋地追随别人的脚步，对吧?”

“当然，每次只踏出一步。”

“现在你懂我的意思了。我效仿你的方法，制定目标，同时绝不放弃，随时保持高度的热情以及自信。我甚至跟自己打了个赌，在 90 天内完全说真话，连小小的善意的谎言也不说。结果确实让许多人刮目相看，包括我自己。”

他接着解释道，他是采用了我的方法，以及其他人所提出的一些有用的技巧，然后让他的太太把它们全都键入她的个人电脑，就像他太太把她的食谱键入电脑一般。“现在，我有了一份载满各种理念的菜单。不管什么时候，只要我觉得需要满足我的胃口，或者需要做决策，需要冒险的勇气时，我就可以打开电脑找出需要的技巧。对我而言，这就像在菜单上挑选所要的菜品，以满足那个时候填饱肚子的需求。”

听他这么一说，我想起了电影《欢乐梅姑》(*Auntie Mame*) 里的一句台词。“事实上，人生就是一场盛宴，但绝大多数人却不会搬张椅子到桌边，去享受人生带给我们的佳肴。”他的这种想法令我觉得很新奇，这个牧场主人竟把我的技巧当作一种“启发思想的食粮”，期望在最需要的时候能够找出一些来发挥效用。毕竟，我们在同一时间内是无法消化掉所有东西的。

策略四：抓住机会敲门的那一天！

许多人在攀登巅峰的路途上往往会错过很重要的一步，因为他们没有把握住难得的机会，虽然机会就在他们眼前。

就像万事达卡（MasterCard）广告上所说的：你应该掌控机会！还记得本书第6章所介绍的乔·史卡利欧的故事吗？当他感觉机会来临时，他便紧抓不放。这是一个很有用的忠告，因为俗语说得好：**“机会是不会敲第二次门的！”**

一位在超级市场担任产品经理的年轻人有次问我：“乔，你是怎么知道你正跟机会打照面的？你怎么能够确定？”这个问题问得好。我告诉他，这并不简单。最好的答案，同时我相信也是个很好的建议，就是相信你的直觉，并且跟着你的直觉走。除非我知道这个建议很实在，否则我是不会提出来的，而它对我真的很有效。在我攀登巅峰的路途上，曾经不止一次我只是因内心有种非常强烈的感觉告诉我该那么做，所以便那么做了。这有可能反而会导致你踏出错误的一步吗？当然有可能。若果真如此，那么就回到起点，再重新出发。然而，在大多数时候你的感觉都是对的。

而一个企业家之所以能够成功，就是因为他能抓住机会来临的那一天，只要一有机会就紧抓不放。多年以前，曾有个撰写广告词的人，觉得能够在一家广告代理公司从事这样一份工作是相当安定的。他在工作上表现得很出色，而他也知道这一点，同时他在同事中很受敬重。然后有一天，当他有个机会跟另一个从事文字广告的人合伙开办一家属于他们自己的广告代理公司时，他该不该冒这个风险？他应该一头扎进去，还是待在原有的工作岗位上？最后他决定冒险一试。刚开始的时候，事情并不顺利，这两个人有好一阵子一直在逆境中挣扎，但这个年轻人却从不后悔他的举动。如今，这家广告代理公司已生意兴隆。

我还认识一位男士，他也是放弃了原有的高薪且安定的工作，转而去实现他长久以来的梦想。他成立了一家专门教授小企业经营管理课程的学校，学校的课程都是由他设计的，同时他还规划了学校所有的设施，结果他的努力在许多大学的校园里开花结果。这位男士就没有呆坐，而是抓住了机会来临的那一天。

此外，我认识一位专门编写销售与提供服务方面的培训教材的专业作者，他多年来一直在别人旗下工作。有一天，他决定为自己而写作的时机到了，于是他成立了自己的传播公司，直接向工商企业提供服务。过去别的传播公司将自己的标志打在他所写的教材上，然后将这些教材卖出，现在他可以在这些教材上打上他自己的标志了。他这么做，当然会有一段咬紧牙关的日子，但他的决定终究有了回报，而且丰厚的回报仍在持续中。他就是抓住了那重要的一天。

第 10 章 如何站稳自己的脚跟？

在现今的工商界中，做一个顺应群众、随波逐流的人，要比依照自己鼓声的节奏前进的人容易得多。**要做到无论何时都能够把持住自我，而不管大家现在都在做些什么，也不管目前正流行什么，是需要相当的自信与独立的。**

拉尔夫·沃尔多·爱默生（Ralph Waldo Emerson）在他一篇谈自信的文章中曾经写道："要成为一名顶天立地的男子汉，就必须不随波逐流"（如今，女性在商界、政界、法律界等领域的影响力已经大为提升，因此爱默生的话对女性也同样适用）。当你在攀登巅峰时，你是站在某个"机构"的最上头。它可能是某个部门、某家工厂、某家公司或者某个代理商。爱默生同时指出一件事，那就是每个商界人士都必须认识到："一个机构就是一个人加长的影子。"

谁发号施令？

当然，我前面所提到的那些人通常都会需要也很欢迎别人适时伸出的援手。在你攀登巅峰的路途上，你不需要拒绝别人的帮助，但要记住：长远来看，你依然是自己那艘船的船长，就像我故事中所提到的人一样。**掌舵的是你，这艘船正驶向你要去的地方。**我的意思是：

- 你必须是发号施令的人。毕竟，你未必喜欢他人的目的地。
- 你绝对不能随着他人的节拍起舞。理由是一样的：你未必喜欢那种音乐。谨记那句俗语："付钱给风笛手的人才有资格点歌。"
- 你必须信任你的直觉，你的直觉会告诉你什么是对的，什么是错的。当初哥伦布（Columbus）船上的船员都力促他返航，但他不为所动，继续他的航程，最终发现了新大陆。
- 你必须学着培养独立自主的能力。这种能力与自信非常相似，但不全然相同。它与狂热也很相近，而狂热正是持续的独立自主能力 。

你在一路攀向巅峰时，很多时候当你环顾四周，你会发现自己竟然是如此孤独，就像人们所形容的："高处不胜寒。"你可能突然想到："我要依靠谁？我要与谁同行？谁会领着我走过艰辛的一站又一站？"

然而，你知道答案就是：你自己。现在你一个人正步履蹒跚地朝着目标前进，而你所依靠的正是那份独立自主的能力。因此，别再人云亦云！拒绝“一窝蜂”。要不断努力去做你认为对的事，那些你打心眼里相信应该去做的事。

即使你发现自己是如此孤独、如此与众不同，你仍然应该认为这是理所当然的。别人可能会劝你向大众看齐，但想想看，如果大家都像是从一个模子里刻出来的，那么这个世界会是多么单调乏味。毕竟，在这个世界上，没有哪两个人的指纹是相同的，也没有哪两个人的声波是相同的，就连雪花也片片不同。

你所要遵守的规则就是：**当你独立在事业以及生活的领域里站稳脚跟时，要确定你不会阻碍别人享有相同的权利。**让他们也有自己的立足之处，同时如果有必要，要让他们协助你稳固你自己的立足之处。

还记得那个童话故事吧？当被问到“魔镜、魔镜，谁是世界上最美丽的女人”时，你要确定你表现在外的形象能够忠实地反映你自己。无论你所服务的是谁的理念，你最终所站的位置一定要能够反映你的思想。你不能要求别人为你思考。美国总统哈里·杜鲁门（Harry Truman）把个人对身为领袖的感受归纳为一句话，并且镶进一片饰板，放在他椭圆形办公室的桌上。那句话是：“责无旁贷。”

吉拉德的独立自主技巧

当我发表演说时，通常是主持人在讲台上先做一番介绍后，我再由讲堂后面跑上前去。每次我都会突然警觉，我是独自一人站在那里。我该如何应付这种情况？我会先做个深呼吸，然后停下来环顾一周。

我心想，这是我第一次与这些人见面，也是他们第一次见到我。我曾经耳闻过他们，他们也可能听过我的许多事迹。我问我自己，我能赢得他们对我的信心吗？但在此刻，我也告诉自己，他们今天之所以会在这里，就是因为他们希望被掳获。于是我明白，我们的立足点是相同的——乔・吉拉德和所有的观众。

而当你与大家站在同一立足点时，你就不再觉得孤单了。你的独立自主能力很快就会膨胀起来。但这种独立自主能力就跟肌力一样，需要不断锻炼才能保持强健。你可能会认为，一旦我应付得了某个演讲场合，那其他演讲场合就不成问题了。事实并非如此，每次演讲我都必须重复整个程序。

破茧而出

多年以前，俄亥俄州一位报纸专栏作家露丝・麦肯尼（Ruth McKenny）和她的妹妹一同到曼哈顿打天下。她写了一系列关于她们的坎坷遭遇的短篇文章，就刊登在《纽约客》（*The New Yorker*）杂志上。这些故事之后被改编成一部名叫《艾莲妹妹》（*My Sister Eileen*）的音乐剧，后来更是成为百老汇的歌舞剧，剧名叫作《大城小调》（*Wonderful Town*）。在剧中露丝唱道：“为什么哟，为什么哟，为什么我要离开俄亥俄？”

这部经典歌舞剧为缪丽尔·西伯特（Muriel Siebert）所钟爱，而这位女士本身就是独立自主的最佳典范。西伯特小姐从不吟唱追悔的歌。她说：“我 20 多岁就离开了俄亥俄，我除了一辆破烂老爷车外，就仅有牛仔裤里的 500 美元了。然而那是我一生中最最明智的举动。”

被朋友称为米琪（Mickie）的缪丽尔·西伯特，在职业生涯中采取过不少明智的举动，但最明智的可能莫过于创立了自己的事业。那项事业就是今天位于纽约市的缪丽尔·西伯特公司（Muriel Siebert & Co.），那是全美最成功的折扣经纪公司※。

从牛仔裤里的 500 美元开始，她走过了一段漫长的道路。现在的她在纽约证券交易所（New York Stock Exchange）拥有一个席位。事实上，她是整个交易所里第一个拥有席位的女性。西伯特常被尊称为“金融界第一女士”。然而她是如何获得这一地位的？那是因为她知道，在这个男性掌权的行业中，是没有人会让她“加入俱乐部”的，所以她必须独立自主地开创自己的事业。

西伯特从俄亥俄州来到了纽约，她先在一家经纪公司做一名周薪 65 美元的实习研究员（她放弃了另一份周薪 75 美元的会计工作）。于是她成了一名产业分析员。在当时，资深分析员可以将某些没有价值的产业丢给新进的实习研究员去负责。而部分交到她手上的产业后来

※ 折扣经纪公司是一种以最低佣金标准来为投资者执行股票等证券的买卖服务的证券经纪公司，这种公司一般不提供研究咨询等其他服务。——编辑注

被证实是块瑰宝，而不是那些资深分析员所认为的鸡肋。刚开始的时候，她从一位负责铁路、海运及其他运输产业的分析员手中，分到了航空运输业。她笑着说："如果飞机起飞了，我就追它!"不久，其他资深分析师又分给了她其他产业，例如广播、电影和电视业。她详细追踪这些公司的营运绩效，并且撰写相关的报告。

那时她还没有登记成为经纪人，尚未开始从事股票买卖。后来她跳槽到另一家经纪公司。有一天，她接到了她曾经写过报告的公司打来的电话，该公司告诉她，由于她所写的报告，公司赚了一笔钱，所以他们欠她一份订单。就这样，她得到了她的第一份订单。这时候她赶紧去办理登记注册，从此就脱离研究行业，转入为客户买卖股票的经纪行业。她从赚取固定薪水转变为依赖佣金收入，最终她与许多小型经纪商合伙经营。

然而，西伯特并不满足。有一次她努力想获取与一家大型经纪公司的合伙资格，却遭到了对方的严辞拒绝，但可别忘了，她是俄亥俄州人，于是她结束了"为老板工作"或"与别人合伙"的日子，她要创立自己的事业。她当时给自己的建议是简单的"**放手去做吧**"(go for it)，而这句话对那些现在正准备创业的人来说，也是非常适合的。

当时她根本没有能力拥有办公室，幸好她以前与之做过生意的一家公司愿意提供其交易所的一角，让她充当办公室。在那个角落里，她发觉自己真的很孤单，无论她面向何方，都只能看到她自己。那种滋味的确令人心寒。但她知道，想要站稳脚跟，就必须坚强，尤其在股票买卖经纪这个竞争激烈的行业里。同时她还认定，自己一定会找到客户的。她确实找到了。

如果这个过程一定要备尝艰辛，那她必须坚强。她知道自己一定办得到。她回忆起她那位牙医父亲长期与癌症抗争，但最终仍耗尽家财而死的那天，她知道她父亲一定会说："米琪，坚强起来，打倒它们!"

于是，勇于战斗的米琪·西伯特就在这个临时的办公室里，与恶劣的环境抗争。虽然他人有许多反对意见，但她还是向银行借了30万美元，然后用44.5万美元在纽约证券交易所买了一个席位。结果在6个月之内，她就搬出了那个临时的办公室，迁进了她自己精致的办公室。经过不懈的奋斗，今日缪丽尔·西伯特公司已发展成一家价值数百万美元的公司。

缪丽尔·西伯特曾经担任纽约州第一位女性银行监督人，为期5年之久。她也曾经出马竞选纽约州的参议员，可惜在初选时就告淘汰。除此之外，她还获得了8所大学颁赠的荣誉博士学位。这一路走来，她可真算是历尽风浪！当她为了申请交易所的席位而寻求赞助人时，在她征询的10个人当中，有9个人拒绝了她。有段时间甚至华尔街似乎都对她冷眼相看，但这些情形都困扰不了她。

如果你问缪丽尔·西伯特如何自立自强并且屹立不动，她会这样回答你：**"不要害怕冒险或者做决定，在任何时候，如果有任何人或事情想要把你击倒，你就顽强撑住!"**

为什么，为什么，为什么米琪·西伯特离开俄亥俄？因为她对自己有信心，她有"放手一搏"的决心。而这正是她迈向成功所跨出的第一大步。

跌倒了，就站起来！

“当你还是小婴孩时，时候到了，你就要由爬开始学习站立、学习走路。你会跌倒，但是也会再站起来，最后你可以稳稳地、用自己的双脚站起来。”说这些话的是安东尼·索伦蒂诺（Anthony Sorrentino），他是另一个独立自主的典范。出生于西西里岛马沙拉的安东尼，在 14 岁的时候来到美国。原本他可以更早就到美国来的，但命运和政治因素造成了延误。

我认识安东尼好多年了，我总是把买来的西装送到他那里修改，一直到现在，他都是一位成功的裁缝。除此之外，安东尼·索伦蒂诺还是四家生意兴隆的晚礼服出租店的老板，他甚至供应晚礼服与正式礼服给其他出租店。终年不断的婚礼使得礼服的需求不断，而在高中及大学毕业舞会的季节里，他店里的生意更是火爆。

然而，事情并非一直都这么顺利。安东尼的父亲是意大利人，而他的母亲则是美国公民。在第二次世界大战结束后，他的母亲希望带他前往美国，当时文件备妥了，所有的安排也都做好了，行程也定了，但临时却出了个差错。

当时意大利正值战后第一次自由选举，意大利政府呼吁全国人民踊跃投票。安东尼的母亲就在当时的精神感召下，做了一件她认为身为市民应当做的事，她去投票了，但这却是个错误的决定。这是因为当一个美国公民在其他国家做出了投票（或者服兵役）的行为后，其公民身份就有遭到取消的危险。因此，在选举后不久，他的母亲就接到美国政府的一纸公文，说不允许她和她的儿子入境美国。

在西西里岛时，安东尼 7 岁就当了一位裁缝的学徒。当学徒是没有薪水的，他的报酬就是“学到了在裁缝店里该做的事情”。在 7 年的学徒生涯过后，他终于获准和他的母亲一起回到美国，而他的父亲和其他家人则在稍后也一起移民美国。

安东尼一向都非常独立，虽然他自己并不这么认为。这一家人到了美国后定居密歇根州，安东尼进入当地一所高中就读，放学后还到各家裁缝店打工。当他 16 岁就读九年级时，他的父亲在工厂工作时受了伤，无法继续工作。于是安东尼只得辍学。由于他是一名品学兼优的好学生，他的老师力劝他不要离开学校。

“我的家庭现在需要我帮忙”，这就是他的回答。现在他只能靠自己了。结果他找了一份周薪 37 美元的工作，但这对缓解家庭的困境作用不大。到了 18 岁的时候，他决定自己开店。他的父亲还有些积蓄，安东尼就用 3 000 美元买了一家裁缝店。他做了 2 年后，又把店转手卖了出去。

凭一己之力站稳脚跟是很艰辛的。在把店卖出去以后，有一阵子他在别人的裁缝店里工作，接着他决定再度自行开店。于是他和弟弟及其他几个合伙人共同买下了一家礼服店。他投资 8 万美元买进存货，但接下来发生了许多不幸的事，这些事似乎都在对他说：“你靠自己是办不到的，放弃这个想法吧！”想想看发生的这些事：

- 在开业的前一天晚上，一群小偷凿穿了隔壁店的墙壁，结果价值 8 万美元的存货就这样不翼而飞。
- 他再一次进货，但货物在大火中付之一炬。
- 一个欺诈的保险经纪人未将安东尼支付头期保险费的支票交给保险公司，结果等于没有购买保险的记录。
- 可以证明公司存货内容和价值的一位重要证人去世。

就像他们所说的那样，那时安东尼真是够难受了。他再度到别的裁缝店工作，但没有多久，他那渴望拥有自己事业的心又蠢蠢欲动。而他始终相信：“**跌倒了，就再站起来，最终一定可以双脚稳稳站住。**”

于是他第三次开了一家裁缝兼晚礼服出租店，这次是和他的姻兄一起开的。为了能够真正拥有一家店，不久他就买下了他姻兄的股份。这次他决定多听别人的意见，但在一些大方针上，他要确定是他自己做决定。这是因为，如果他跌倒了，他要自己跌倒，如果他站起来了，他也要自己站起来。他联想到一首歌的歌词：“**重拾你的信心，把身上的灰尘掸掉，一切从头开始。**”

他说：“那首歌简直就是在说我。那是追求独立自主的唯一方法，至少对我来说是如此。”如今，安东尼在他的专业领域里已经攀登到了巅峰，“法兰克礼服出租店”（Frank’s Tuxedo Rentals）在底特律都会区有着相当大的市场占有率。

法兰克礼服出租店?

没错，他的店铺没有一家是以安东尼·索伦蒂诺命名的。他是在一顶帽子里的几个名字当中挑到“法兰克”（Frank’s）的。他相信这个名字念起来，会给你一种独立自主的联想。我也相信。

相信你绝不孤单

“有一天我突然发觉没有人在意我，我只是孤单一人。”这是朱迪思·布莱尔斯（Judith Briles）最初开创自己事业时的心情写照。她知道那是她激发内在潜能、站稳自己脚跟的时候了。

布莱尔斯曾经是著名公司 E. F. 哈顿（E. F. Hutton）旗下一名成功的经纪人，但到了 20 世纪 70 年代末期，她决定自己出去闯天下。尽管她很清楚她完全是“孤军奋战”，但她仍然创立了朱迪思·布莱尔斯公司，同时将它经营成财务规划方面最成功的企业之一。

接着她又决定在一个全新的领域中另起炉灶。**跟我一样，她决定攀登另一个截然不同的高峰。**到了 1986 年，她已经出版了两本书：《女性认识金融指南》（*Woman's Guide to Financial Savvy*）和《金钱面面观》（*Money Phases*）。但她仍然决定离开经营得正成功的公司，结果开创了另一股巨大的商业旋风。

朱迪思·布莱尔斯博士是布莱尔斯集团公司的领导人，在许多商业场合及聚会中是最受重视的主讲人，她同时也是一名管理顾问，是 8 本书的作者，在《华尔街日报》（*Wall Street Journal*）、《今日美国》（*USA Today*）和《纽约时报》（*New York Times*）等报纸杂志上发表过无数文章。除此之外，她在科罗拉多州还拥有自己的广播和电视访谈节目。她是全国知名的女性问题专家，也是“早安美国”（Good

Morning America)、有线电视新闻网（CNN）、奥普拉（Oprah）、多纳休（Donahue）和琼·里弗斯秀（Joan Rivers Show）等电视节目的常客。

第一次跟布莱尔斯博士谈话的人，可能会得到这么一个印象：她是个十足的生意人。她是一个商业女强人，浑身上下都是生意经，她很厉害，说话一针见血，自我要求很高。这些印象都没错，但她身上还有更可贵的一面：**她知道痛苦的滋味是什么，也深谙牺牲之道。**

曾有一段时间，她负责一个资金筹措计划，那个计划是为重建一些老旧的、具有历史价值的建筑物募集资金。然而，由于这个计划的管理部门在财务运用上的失误，为这个建筑融资担任保证人的她只得代为清偿债务。于是，她被迫介入旅馆的经营，而为了偿还投资者的钱，她不得不将旅馆申请破产保护。结果是所有债权人都拿回了他们的钱，但她却失去了所有——将近 100 万美元的资产。祸不单行的是，在这一团混乱中，她的儿子去世了。

她是一位坚毅的女强人吗？是的。她是一位敏感的生意人吗？也对。在困难、痛苦的时刻，她相信一个人能借助对过去的美好事物的回忆，来抚平心中的创痛。她更主张把它们写下来。她相信一个人能借着给自己来一段心与心的交谈而支撑自己独立自主的信心。同时，她还能时时谨记三件事，那就是：**热情、头脑和胆量。**

朱迪思·布莱尔斯博士在她所从事的每个领域中都达到了巅峰。要做到这一切，她依靠的是她的自信心。《信心因素》（*The Confidence Factor*）是她写作的丛书中第 7 本书的书名，在书中她提出了信心方面的“十诫”（Ten Commandments）。

我一向相信，建立对自己的信心是追求独立的必要条件。我也相信当你只能依靠自己的时候，没有什么比遵循布莱尔斯博士的法则对你的帮助更大：

（1）**对自己诚实。**倾听你内心的声音，不要被任何人带偏。循着你自己的，而不是别人的调子前进（记得不要“一窝蜂”）。

（2）**建立积极的思维模式。**要跟“充电器”做朋友，不要让悲观主义者摧毁你的斗志。

（3）**相信你不是孤单的一个人。**记住，在你之前已有上百万人走过相同的道路，在你之后还会有更多的人踏着相同的足迹前进。

（4）**学习新事物。**让自己忙碌起来，参加一些课程，读本好书，参与社区活动。无论你做什么，它都会使你的脑细胞返老还童。

（5）**评估整个形势。**面对现实。如果你失业了，未能签订某个合约，或者生意真的无以为继了，会变得怎么样？（把这一诫和下一诫连在一起。）

（6）**将自己的成就归功于自己。**奖励一下自己。把别人对你和你的工作的赞美，用一份档案保存下来，当天空变得晦暗时，就把它拿出来。在危机发生之时，手边能有这么一份正面的强心剂，是很有助益的。

（7）**志存高远。**激发你最大的潜能。找出你在工作领域内外最佳的典范，然后仔细研读他们的事迹，努力让自己向他们看齐。

（8）**不要把事情闷在心里，听听别人的看法。**与那些你可以信任的人讨论事情，确定你所得到的意见来自关心、支持你而非责难你的人。

（9）**好好照顾自己。**规律地饮食，经常运动，保证充足的睡眠，适当地休闲。保持心情愉快，常常大笑；让你的生活保持平衡；学着留些时间给自己。

（10）**让过去的过去。**当你遇到不如意或遭到失败的打击时，你通常会退缩，不让外界知道情况不妙。事实上，你能够愈快让自己面对现实、设法脱困，你就能够愈快回到原定的目标上。

以上全部或大部分都是放诸四海皆准的原则，我们在前面几章多少也已触及它们，但它们却值得一提再提。我认为布莱尔斯博士现在呈现在大家眼前的，是精简包装后的原则。

有种说法让我感触良深，而我认为它正好足以用来凸显布莱尔斯博士傲人的成就：逆境对于独立自主贡献良多。她喜欢引用美国前第一夫人埃莉诺·罗斯福（Eleanor Roosevelt）的一句话："没有人能够让你觉得自己不如人，除非得到你自己的允许。"

以 JUICE 创业

凯茜·梅特里（Cathy Metry）在她最需要工作时开始了自己的事业，当时她仅有 300 美元，而如今她已是一家由她一手创立的成功公司的董事长。这家公司的名称是 AD-XL，其中那些有趣的字母分别代表着"广告"（advertise）和"卓越"（excel）。她进一步解释："如果你利用我们的广告，你就会卓尔不群，宏图大展。"

正式的理解是，梅特里的事业处于推广、营销行业。非正式的理解则是，它是一家完全有别于一般人所认识的广告代理公司的广告代理公司。她认为报纸杂志上的广告很快就会被读者扔在一边，而广播和电视上的广告又会很快被遗忘。然而，梅特里十分笃信有计划的口耳相传的广告。

大多数生意人都知道，**口耳相传的广告是推广商品或服务最有效的方法**。举例来说，我就知道满意的客户的口耳相传是我成功销售汽车的一个重要因素。然而事实上，许多生意人却将口耳相传视为一种无心插柳的结果，认为它并不需要借助人为的推广。譬如，一部电影可能被影评人批评得体无完肤，但如果看过的人口耳相传的是“不要错过它”，那么这部电影肯定会卖座。

可是凯茜·梅特里就不认为口耳相传的广告是可遇而不可求的。她和 AD-XL 促使其成为可能。她说：“我采取这个最简单的理念，也就是口耳相传的广告，并凭借它建立起一番事业。我们曾经被称为‘会说话的活动看板’。”她接着解释：“我们借着在一些公共场所，例如办公大楼里，公开赞扬客户的服务，使客户很快在公众之中打出知名度。”在如此做之前，AD-XL 会先确定客户的需求，然后将外貌引人注目的员工部署在选定的地点去宣传客户的商品。

它的客户群包括夜总会、餐厅、美容院等形形色色的组织。AD-XL 通常会将“活动看板”装扮得和所宣传的行业相称，并用这样的话让路人停下脚步：“你曾经去某某餐厅用过餐吗?”或者“这家俱乐部最新开张，免费赠送开幕入场券。”它经常在客户商业半径 15 英里的范围内做这样的宣传。

事实上，正是某个俱乐部的推广活动给了凯茜·梅特里灵感，让她决定采用这种别具一格的营销策略。这种营销策略非常成功，结果在短短两年内，她的生意就冲上了云霄。“最初我仅有 300 美元，我把它全部投注在第一个客户口耳相传的活动里。在一个星期之内，我就赚进了 3 000 美元。”她原先所有的怀疑和害怕就此一扫而光。

现在她的事业已经向外拓展到美国其他州、加拿大和欧洲。她的员工都是全职的独立契约人，每个人都有鲜明、不同的人格特质，然而梅特里的事业却是在团队的理念下经营的。

梅特里是一名汽车经销店销售经理和一名房地产经纪人的女儿，也是一个很有决心的女人，她决不接受否定的问题答案。她有能力独立自主，她努力不懈，相信“**如果你能和一个潜在客户谈上至少两次，那么你不仅可以争取到一个客户，还会交到一个商场上的朋友**”。而她的客户也往往因为和她建立起了私人情谊而继续与 AD-XL 做生意，那是个 100%的生意网络。

梅特里笃信积极的态度，并且身体力行。她的办公室里挂着一张统计图表，该图表显示了员工的积极态度与业务量之间的关系。凯茜·梅特里依照 8 个步骤，从一无所有到成功地达到事业的巅峰。这些步骤也是为 AD-XL 员工制定的指导原则：

(1) 准时；

(2) 准备充分；

(3) 态度良好；

(4) 保持良好的风度；

（5）做好分内的事；

（6）每天做足 8 小时；

（7）知道自己为什么身在此处；

（8）凡事多走一步路。

虽然凯西·梅特里拥有大学的学位，但她相信一个人白手也可以起家，甚至连大学文凭都不需要。她引用一句她在底特律大街上听到的话："钱才是一切的关键所在，打消作为一名学者的念头吧。"同时，她相信："你总会得到一个让你留名的机会，等机会到了就要紧抓不放。想想过去那些令你快乐的事，也了解那些有创造性的成就，并且以积极的态度去反思它们，如此你才能找出能帮助你立足的优势并获得成功。"

她从很小的时候起就决心要自行创业，要追求事业上和生活上完全的独立。她的人生哲学是经常微笑，与人说话时保持眼神接触，保持热情和信守承诺。她相信热情是一种能够帮助人稳住脚步，培养一个人独立和自信的积极态度。

梅特里喜欢引用小约翰· D. 洛克菲勒（John D. Rockefeller Jr.）的话："我相信每一个诺言都是神圣不可亵渎的，而一个人的诺言应该和他的骨头一样坚硬，我也相信**最有价值的东西不是财富、权势或地位，而是人格**。"事实上，梅特里跟我一样，在办公室的墙上挂着一些激励人心的标语和格言。它们都是用来强化 AD-XL 的团队观念的，而其中有一则把"JUICE"当作强有力的激励力量。

JUICE 的理念是：

加入我们，一同创造热情！（Join us in creative enthusiasm!）

我想不出还有什么标语比这个更能让人眼前一亮的了。

拒绝归类

“过去，他们将我视为一名黑人公关顾问，因为我的客户都是黑人。现在，每个人都写信或者打电话给我，我已经是个名副其实的公关顾问了，而且是一个非常优秀的公关顾问。肤色与我的事业已不再有任何关系。”

说话的这个人就是创建并且领导快速成长的特里·威廉斯经纪公司（Terrie Williams Agency）的特里·威廉斯（Terrie Williams)。这家经纪公司为许多声名显赫的演员、歌星、导演、制作人、运动员、作家、发行人等处理公关事务。这家在纽约市与好莱坞都设有办公室，同时只聘用一名全职员工的经纪公司，是娱乐圈内由少数族裔所拥有的最大的经纪公司。

在我的《怎样打造个人品牌》一书以及演说中，我曾经讨论过如何克服偏见。特里·威廉斯不仅是在商场上有着卓越成就的女性的杰出典范，同时还推翻了阻碍她前进的肤色藩篱。她的克服技巧会让你耳目一新，因为采用这些技巧时完全不用制造对立，或是委曲求全。

特里·威廉斯的名字在各种报纸杂志上经常出现，如《纽约每日新闻》（*New York Daily News*）、《华盛顿邮报》（*Washington Post*）、《波士顿环球报》（*Boston Globe*）、《本质》（*Essence*）、《人物》（*Peo-*

ple）、《好莱坞报道》（*Hollywood Reporter*）以及其他林林总总的出版物。由于她在公关领域中的杰出表现，她曾经接受过无数的奖项，例如《广告周刊》（*Adweek*）就曾经褒扬她为“最瞩目的女性”（Woman to Watch）。她还发行了“特里·威廉斯代理公司通讯”[（Terrie Williams Agency，TWA）Newsletter]，同时也是《私人接触：你在今日步履急速的商业世界中真正需要的东西》（*The Personal Touch：What You Really Need to Succeed in Today's Fast-paced Business World*）一书的作者。与她一席话谈下来，你会情不自禁地对她留下深刻的印象，同时还会为她那脚踏实地的态度、热忱、活力与使人自在的能力而深深着迷。我敢说，**她在工作领域中如此成功，与她乐于与人打交道有着非常密切的关系**。

特里·威廉斯生长于纽约弗农山，那是一个铁道贯穿的城市。城市的北边居住的绝大多数是生活富裕的白人，而城市的南边，也就是她父母居住的那一边，则是黑人群集的地方。她的父母属于中下阶层，但还不至于贫穷。他们从小就灌输给她教育很重要的价值观念。

当她还是布兰迪斯大学（Brandeis University）和哥伦比亚大学（Columbia University）的学生时，公关工作并不是她想做的。她那时的兴趣主要是临床心理学和社会工作。后者固然是一项与人面对面频繁接触的工作，但它和公关工作仍有着极大的差异。她告诉我：“我是真的关心人。”她拥有社会工作的硕士学位，一开始在哈莱姆医院（Harlem Hospital）和纽约医院（New York Hospital）实习，后来进入纽约医院正式工作。当时她是一大群医学社会工作人员中唯一的黑人。

她的工作是辅导那些罹患绝症、备受肾衰竭之苦、吸毒或者多次堕胎的病人。她对我说："我每天面对着一大堆我毫无能力解决的问题，只觉得满是挫折，工作充满压力和紧张。此外，很显然的是，从事社会工作是绝不会致富的。"

于是，她决定改变她未来的计划。现在，她花了很多时间回馈社会，同时在全国各地演讲，而改变职业则是她经常谈到的主题。特里深信她能够掌握自己的命运，她说她的父母就是她追求独立以及成功的欲望的最大支持者。她的理解是："如果你不能展现自己，同时又不让别人知道你是何许人，那么你一定不会有很多的机会在任何领域里得到赏识。**你必须把你做的每一件事都展现出来。**"

而这一切都可以浓缩在公共关系中，于是她就从自己开始。"于是我开始在大学里选修一些公共关系的课程，而它们确实刺激了我的欲望。"除此之外，她还借着义务为别人提供公共服务的方式，实地学习更多的公关技巧。她真的找到了一位愿意接受她服务的人，接着她就在 Black Filmmaker Foundation 里得到了一份工作，最终成为 Essence Communications 的公关部门副总裁，这家公司出版的《本质》杂志是专门介绍黑人女性的生活状态的。

她曾经与商界、体育界及娱乐界的许多人士接触过。她**静待她的时机，留心机会的来临**，到时候她将创立属于她自己的公关公司，以满足她的野心和追求独立的欲望。有一次，她在一个宴会上得知影星埃迪·墨菲（Eddie Murphy）正在找一个独立的公关人员对外代表他。于是她主动与墨菲联络，为她自己做了一次很好的公关，告诉他她将会如何将他推销给大众。这位超级巨星聘用了她。接下来音乐家迈尔斯·戴维斯（Miles Davis）、格莱美奖（Grammy Award）得主歌星安妮塔·贝克（Anita Baker）和《本质》杂志很快也都成为她的客户。到了1988年，特里·威廉森经纪公司终于诞生了，而接下来的情形就如同大家所说的，已经都是历史了。

由于特里·威廉斯是非洲裔美国人，所以我问她：她是否曾面临形象方面的问题，或者当她创立自己的经纪公司时，外界是否曾以有色眼光看她？在当时或者在事后，她是否曾认为自己是肤色的受害者？

她的回答是："是的，当我开始进入这个行业时，外界确实对我抱持相当大的偏见，但在这之前或者之后，我都不认为我是受害者。这种偏见是很微妙的。我很自然地就被归类了。因为我是一名黑人女性，而我的客户绝大多数又是黑人超级巨星，于是人们就直截了当地把我划定在某个圈圈里面。这道无形的藩篱就像是你被框在某个格子里，一切只因为肤色的不同。而让我豁然摆脱这种束缚的是，就在我开始自己的事业之前，有一次我问《纽约时报》的专栏作家伊妮德·内米（Enid Nemy）：'你是否觉得种族与我想做的事有关系？'内米的回答是：'特里，我从未注意过一名公关人员的肤色，对我来说，重要的是他有没有做好他分内的事，给我工作上所需的一切资讯。'于是我决心在工作上尽我的能力做到最好，至于肤色的藩篱，就此把它放在一旁，不再管它。"

就是这种信念使得特里·威廉斯成为公关界的佼佼者。她再一次强调:“我拒绝被归类为一个黑人女性。肤色、性别、经济地位这些藩篱,只有在当事人让它们存在时,它们才会存在。**我决心要突破这一切,走出一个被划定的竞技场。不过这一切需要时间,也需要耐心。**”

无论一个人的肤色为何,特里·威廉斯都向他提供以下几种策略:

- 锤炼自己的技能,使之达到完美的境界;
- 绝对不可以自满,要抓住机会,甚至主动发掘机会;
- 保持良好的人际关系;
- 勇于表达自己,挺身去捍卫自己笃信的一切;
- 不要画地为牢;
- 把那些不公平的待遇放在心里,它会刺激你做到最好。

特里·威廉斯积极、乐观、独立的精神,终于让她散发出闪耀的光芒。她告诉我:“尽力做到最好,那么别人最终还是会肯定你所做的一切的,这样就没有人能够否定你了。风水轮流转,注定是你的,就一定会落到你的头上。”

就让特里·威廉斯攀登巅峰的策略成为你奋力向上的一种激励吧。我个人深知,那对我确实是一种激励。

第 11 章

全心全意追求

在我职业生涯之始，我就体会到，追求事业的高峰绝不可能通过兼职实现。**只靠 50%的努力，是不会取得任何成就的。**因此，要攀上任何你想征服的高峰，你就必须全力以赴。

事实上，当我一步步追求成功时，我所花费的心力已经不只是全职的努力，简直就是超时的努力。但这个想法不应该让你觉得像是在为某款新车做促销，而是必须承受滞销的痛苦。承诺是一件我们大家无时无刻不在做的事，有的承诺比较严肃，有的则需要费力维持，但无论容易与否，它们全都会对我们提出挑战。

当我们购买或租赁一幢房子，购买一辆汽车时，或是当我们投保任何一种保险时，我们都需要承诺将来会支付抵押贷款、房租、购车款或是保费。除此之外，承诺还会在我们生活的其他领域中现身。当我们结了婚时，便要向另一半承诺对婚姻忠诚；而当我们将一个新生命带到这个世界上时，我们便要承诺负责对他/她的教养；当我们签了某个合约时，我们便要承诺遵守合约中的所有条款。由此看来，在我们的一生中，我们都需要对家庭、朋友甚至所制定的目标负责。

因此，在你立志要攀登巅峰之后，你就许下了一个承诺。也就是说，当你竭尽心力去追求你在企业或者其他领域的成功时，要时时记住你对自己许下的约定以及承诺。但在这里有一件事是你必须知道的：承诺（commitment）的约束力强于约定（agreement），就如同约定的约束力强于应允（promise）。而承诺的约束力是基于以下事实：**当你信守对自己以及他人许下的诺言时，你的生命才算是发生了效用。**

如果你觉得信守承诺很困难，甚至是不可能的，那你最好合上这本书，不要再看下去了。当然，没有人会说信守承诺是一件容易的事，你需要极大的意志力以及自我控制力。但是，我从自己的职业生涯以及其他人的成功故事中所学得的一些经验可能可以带给你所需要的勇气。就像洋基佬（Damn Yankee）在歌中所言："你必须有魄力。"

以有形的东西提醒自己

为了让自己信守成为一名成功的汽车销售员的承诺，我用了以下方法：

首先，在一天的辛勤工作之后，包括向客户做简介、做示范驾驶，或者试图扩大我的客户群后，回到家里，我会把第二天计划要做的事先写下来，而我写的不会超过 3 个。例如：

- 打电话给 10 个很少联络的人，试着从中发掘新的客户；

- 在不景气时期，打电话给那些出于某些原因无法亲自到经销店来看车的人，尝试亲自上门销售汽车；
- 继续邮寄的活动。

我绝不会为次日订下 3 个以上的目标，因为如此一来，你信守承诺就不至于太困难。同时，我会把这些目标用笔写在字条上并谨记在心，这样一张字条就成为一个有形的助力。

其次，在每个星期的一开始，我还惯用另一个有形的助力，那就是我在一张大卡片上印下的一段话，这张大卡片被我钉在办公室的墙上，它上面写着："我要打破我上礼拜的纪录！"之后我又一再重复这个过程：把我承诺隔天将达成的 3 个目标一一写下。

这些有形的助力坚定了我信守承诺的决心。有些成功人士可能会说，对他们而言信守承诺毫无困难，他们根本不需要在纸上记下每天或是每周的目标。也就是说，他们有更强的意志力。尽管如此，但有形的助力对我很有效，试试看，它对你可能也有效。

当然，当你始终信守你对事业或者其他目标所做的承诺时，它除了会带给你莫大的满足外，有时也会带给你一些沮丧。情况通常是：你每前进两步，又往后退一步。就我个人的经验来看，我知道这是很可能会发生的，但我绝不会刻意强调这退后的一步，因为这么做只会激发一些负面的情绪而已，一点好处也没有。

而我发现，如果我能够与别人分享我的成就感，那么信守承诺就会更容易一些。这么做不仅可以增强我努力的动机，同时也会激励他人。我同时也了解到，将个人的沮丧情绪向别人倾吐，不能产生任何助益。因此，如果你想要成功，那么当你遇到烦恼时，要有打掉牙齿和血吞的勇气。即使你当时真的很不好过，你也仍然要让别人相信你一切都很顺利。

在一次演讲中，我就给了观众这个建议。一如往常，演讲后有人走上前来找我交谈。有一个年轻的汽车销售员对我说："我曾经听过这么一句话——'人后哭，人前笑'，你建议的是不是就是这样?"我告诉他，那正是我的意思。因为每个人都有自己的烦恼，所以没有人会乐意看到你的愁眉苦脸。然而，**要把所有不愉快都隐蔽起来，需要有很强的自制力**，而自制力正是信守承诺的关键之一。

前往梦境的机票

一位不平凡的女士，由于对她过去戏剧性的背景善加利用，而开创了属于自己的辉煌事业。她自孩童时期起就在舞台上表演，而她现在则站在另一个全然不同的舞台上。

凯·布里顿（Kaye Britton）曾经是一个极具天分的演员与歌唱家，她的天分使得她活跃在百老汇、全美以及国外各地剧院的巡回演出舞台上。她主演的舞台剧不胜其数，有《挪威之歌》（*Song of Norway*）、《俄克拉荷马》（*Oklahoma*）、《旋转木马》（*Carousel*）、《演出船》（*Show Boat*）以及《甜蜜的人生》（*Bitter Sweet*）等。她有一次前往伦敦，在参加《吉卜赛女郎》（*Gypsy Lady*）一剧的演出时，遇到了同样参加这场戏的演出、后来成为她丈夫的乔治·布里顿

(George Britton)。

乔治·布里顿在舞台剧领域同样有着相当杰出的表现，他兼有演员与歌唱家的双重身份，曾经接替埃齐奥·平扎（Ezio Pinza）在百老汇的《南太平洋》(*South Pacific*) 一剧中担纲。

后来凯与乔治组成了一个家庭，在当时，这样的事情有时候会对演艺事业造成障碍，虽然并非一定，因为巡回演出通常意味着她在这里，而他却在另一个地方。就像他们对一份影剧报纸《综艺》(*Variety*) 所说的，当其中一个人工作时，另一个人却可能“赋闲在家”。凯可能会头一个承认，像这样的巡回演出，不是维系家庭生活的理想方式。尽管有些表演工作者尝试这么生活，也确实没出什么大问题，但在多数情况下却都归于失败。

有鉴于此，他们似乎有必要为未来的目标另做打算。于是乔治和凯决定放弃他们的演艺事业，忘却谢幕时的掌声。乔治改行到中西部的一家大型视听通信公司的影剧器材部门工作，而凯则在美国汽车协会（Automobile Association of America）的全球旅行社（World Wide Travel Bureau）谋得了一个职位。他们终于能在同一个城市里安顿下来，建立一个真正的家庭了。

虽然这对夫妻仍不时参加社区的戏剧演出，但他们既不怀念曼哈顿舞台闪亮的灯光，对于退出职业演出更是毫不后悔。

凯一开始便决定，她要在旅行社的新事业上追求成功，但它终究是别人的旅行社。就像她过去在剧院里争取一个好角色一样，她现在也要在她自己的表演中担纲演出。于是凯决定自己闯出一番事业，她对自己许下承诺，一定要达成这个目标，她的信念也确实从未动摇过。恰巧她在美国汽车协会的全球旅行社曾经服务过的客户中，有人表示愿意帮助她，其中有两个人愿意出资成为她的合伙人，但并不参与实际的经营，因此凯等于是独力经营这家公司。就这样，凯·布里顿旅行社（Kaye Britton Travel）开始营业了。

然而，有了财务上的支柱，并不必然保证事业会成功。凯深知，在这项事业的经营上，失望与成功的机会是相等的。例如，就她来看，政府的放宽管制就毁了美国的航空事业，使得她在为客户安排搭机旅行，以及设法为他们提供最好的舱位、行程安排、费用上遇到了许多困扰。另外一个打击则是，乔治在染病数月后撒手人寰。乔治在世时，一直是她的一大支柱。他帮助她、鼓励她、支持她，从他俩第一次共同在舞台上演出的那天起，他的支持就不曾中断过。

然而，尽管遭遇了这些挫折，但她追求成功的承诺却从未动摇。是什么使得这个承诺如此牢不可破？是她在演艺生涯中所积累的丰富经验。她解释道："每天晚上我都清楚，我的演出有可能因为观众的反应而失色。每个晚场和日场的观众都不相同，有时候他们很投入，有时候却显得很浮躁不安。我深知我必须赢得观众的肯定，我必须将我自己推销出去，这样他们才会对我以及我饰演的角色有信心，同时相信我不会让他们失望。"

而她是如何将这些经验应用到旅行社的事业上的？"踏进旅行社的客人，也跟戏院里的观众一样，各不相同。每个客人都有不同的旅行经验。有的知道他要前往何处，以及要如何前往；有的却连最模糊的概念也没有。他们在旅行中所要满足的精神需求也不尽相同。对某些人而言，它可能是一趟商务旅行；但对其他人来说，它却可能是追求一段罗曼史或者冒险际遇的行程。”

“我知道在我安排一次简单的飞行、旅馆订房、租车，或者复杂得像是安排一次环球海上旅行之前，我必须将自己营销出去。那些坐在我面前的人就是我的观众，而我的办公桌就是我的舞台，我必须赢得每个新客户的信赖。举例来说，我不仅仅是卖出一个旅行行程，我还要确定这个行程对这个客户而言，无论从成员、停泊的港口还是他们的旅游预算各方面来看，都是最恰当的。我怎么可能会感到厌烦?”没错，绝不厌烦是信守承诺的另一个关键。

凯·布里顿始终信守追求成功的承诺，努力攀上了事业的高峰。自她在1980年开设凯·布里顿旅行社以来，她已经建立起自己的事业，她的客户群不仅包括好几家公司，还有不少个人、夫妻、家庭等，而他们的休闲旅游需求都受到了同等的重视。

虽然凯·布里顿旅行社相较于托迈酷客（Thomas Cook）或者美国运通（American Express）只是小巫见大巫，但它仍然是一项傲人的成就。走过高潮和低潮、峰顶和谷底，凯·布里顿将她的事业延伸到了全球各地。同时，为了见识“天外有天、人外有人”，她也经常到各地旅行以增加见闻。就如同她过去到各地表演一般，她再度进行巡回演出。她说：“我在事业上的成功，可以归功于好几个理由，但其中相当重要的一个是，我不曾对自己或者别人食言，或是违背与他人的约定。”我称之为承诺。

恐惧也是信守承诺的原动力

在我的书和演讲中，我曾经提及，我认为世界上最强有力的两个字眼是信心和恐惧。信心，就是你对自己、对别人、对你的能力以及对未来的信心。而恐惧则是你害怕无法完成某件事，或者无法成为某某人物的恐惧。你恐惧过去，恐惧未来，恐惧会使你重重摔上一跤。**信心的道理不言而喻，但对于恐惧，过去我一向将这个字眼视为洪水猛兽，努力想将它从思想中抹去。**

然而，凡事总有例外，有时候恐惧反倒可以成为帮助你信守承诺的原动力。一手创建 VERSACOM 公司的马丁·舒什尼恩（Martin Shoushanian）就是一个例子。福特汽车公司（Ford Motor Company）的营销传播计划就是由这家公司设计的。当马丁·舒什尼恩被问到是什么促使他始终坚持建立自己事业的承诺时，马丁的回答就是简单的两个字：恐惧。

马丁曾在福特汽车公司（以下简称福特）的商品服务部（Merchandising Services Department）工作过，那是福特内部的一个利润中心，附属于工程部门。作为一个利润中心，它必须竭尽全力达成公司所分配的利润目标。在这段时间，马丁目睹了商品服务部也能创造利润，因而获得了很大的启示。于是他在自建公司以后，就特别注重夯实公司的根基，以求得长久的生存。

马丁在进福特工作之前，曾经在一家制图公司工作过，而这段工作经验对他也同样有相当大的助益。因为福特的商品服务部负责内部各部门的印刷作业，所以就与同样为各部门服务的福特摄影（Ford Photographic）有业务上的接触。

但天下事鲜有不变的，马丁很快就发现世事变化无常。马丁所在的商品服务部在福特内部不断由一个单位转移到另一个单位，最后成为一般服务部（General Services Division）底下的一个分部。

20 世纪 60 年代末，受到汽车工业第一次大崩溃的冲击，福特把商品服务部从一般服务部之下裁撤掉了。在这股人事变迁的寒风中，员工面临两个选择：留在公司的其他部门工作或者辞职。马丁选择了后者。

由于另一个做了相同抉择的员工设立了一家公司，为过去福特的客户提供营销传播服务，于是马丁·舒什尼恩就与他合伙经营。然而，这个合伙事业仅仅维持了 3 年的时间。

由于马丁渴望拥有自己的公司，渴望将一个机构由无名小卒发展成具有举足轻重的地位的大机构，以创造事业上的成功，于是他跟另一名同事开创了 VERSACOM。那是一家致力于利用平面印刷品来创造一流的营销传播素材的公司。VERSACOM 延续多年前福特一般服务部的精神，充分满足福特以及林肯-水星（Lincoln-Mercury）公司的需求。在经过 13 年的经营后，马丁将另一名合伙人的股权买下，现在公司是他一人独有的了。

马丁承诺要完全靠自己的努力达到成功，同时他也承诺要实践他自己的人生哲学。他以相当简易的词语阐释了人生哲学：“我们之所以在做我们想做的事，是因为客户给了我们这样做的特权。而他们所期望的是高品质的工作、准时交货以及可以信赖的持续服务。”马丁·舒什尼恩进一步指出，如果他不愿意提供良好的品质和服务，那么随时会有人补上来，取代他的位置。

马丁说：“这是相当令人恐惧的事，至少我就怀有这样的恐惧。而只要我心怀恐惧，我追求成功的意念就会变得更坚定。我们是一家服务导向的机构，我们尽自己最大的能力去服务客户，同时对每个上门的客人秉持以诚相待的原则。”

对于失败的恐惧，正是坚定马丁·舒什尼恩追求成功的意念的另一个因素。就事实而言，他这一行可以说是一种反应式的工作，有点类似消防演习。然而，现实的环境可能跟演练的情况大相径庭，在真实生活里你可能跌得满头包。

马丁经常需要长时间工作，还不时要与时间赛跑。有一次，马丁为一个客户的电脑幻灯片说明会撰写方案和剪辑。整个制作工作由他一手承包，说明会的日期正在快步逼近，突然，意外发生了！说明会的时间提前了，但幻灯片制造公司却未能如马丁所愿提前交货，这使得马丁措手不及。他搞砸了这个说明会，并且害得客户陷入难堪与危险的境地。

俗话说：“最后的成功可以弥补以前种种的失败。”但马丁所担心的是：“最后的失败会让以前的成功一笔勾销。”就是这种恐惧坚定了马丁追求成功的决心，他绝不允许那种难堪的事件再度发生。因此，幻灯片说明会的挫折，只是进一步加强了他的承诺。

但你可不要就此认为，马丁·舒什尼恩是一个胆小怕事、杞人忧天的人，他绝对不是。尽管就如他所承认的那样，他无时无刻不在担心他的事业，烦恼如何使客户满意、如何使员工保持高昂的工作斗志、公司的财务报表是不是显示公司经营良好并且前景广阔，但他只是以一种正面积极的态度利用这种恐惧心理。他让恐惧督促他工作。

这种做法确实也见效了。VERSACOM 的产品引人注目：小册子、软皮书、营销课件、供销售人员使用的热门全套信息、出版工具等。为了服务福特的不同部门——它们当中有的比许多世界 500 强公司的规模还要大，VERSACOM 拥有了一支颇具规模的员工队伍，而且他们都具有自由新闻工作者的才干，可以提供写作和摄影方面的支持。

身为这么一家公司的董事长，马丁提供给客户的是超过 100％的心血，同时他也期望他的员工与支持者能跟他一样。恐惧大概是会传染的——以一种有益的方式。

尽管我还是认为恐惧不是个好字眼，但如果它能帮助你去信守攀登巅峰的承诺，那么为什么不试着去好好利用它呢？

第 12 章

结交成功人士

经验往往是最好的老师。我曾经从经验中学得，通往峰顶的道路可能由于交友不当而变得崎岖难行。同样，你的道路也可以因为结识一些好朋友而变得相当平坦。从一个人结交的朋友可以看出这个人的品德，这个屡试不爽的信念也可以应用在你我攀登高峰这件事情上。

哪些是不好的伙伴？我不是指那些下层阶级的人、歹徒、老顽固、逃税者、说谎者、家庭暴力者，或者虐待孩童的人，因为我确信你也不会和这些人混在一起。我现在所说的是那些会对你攀登巅峰造成危险的人，就像西部蛮荒时期的驿马车抢匪一般。这些人不仅会阻碍你进步，甚至还会把你往后拉。

他们是谁？先是那些光说不练（all talk and no action，ATANA）的人。相信我，在我们的周围，这种人还真有不少。

他们嘴里说得头头是道，但仅止于口头说说罢了。他们是“想要族”，但他们永远不可能成为他们想成为的人，因为他们动也不动。

无论你在哪里工作，都能轻易地认出这些人来，他们或者在咖啡贩卖机前流连，或者端着一杯咖啡到各个办公室串门，又或者他们老是借影印东西来打发时间。而他们一旦聚在一起，就喜欢分享彼此的马路消息，背后说人闲言碎语等，而这些就是他们全部的话题。

这些人是坐冷板凳的，绝不会是上场的球员，然而他们却因为教练（或者主管、工头、老板）不让他们上场比赛而大发牢骚。教练为什么不用他们？那是因为那些光说不练的人根本不可能得分，简单来说，他们就是输家。

而输家相当可悲的一点就是，他们乐于见到别人跟他们一样。他们嫉妒你获得的成功；如果他们能够将你往下拉到他们的水平，那么他们最快活不过了。我猜想，这是因为不幸的人总喜欢找人做伴。但更糟糕的是，他们本身就代表了“失败”这两个字，而他们的失败不仅体现在工作上，而且体现在生活上。

过去曾经有好长一段时间，我生活的周围就有这样的人，我做到了绝不让他们影响我，而这也正是你需要学习的。

“哀歌”吟唱者

你在吟唱忧郁的蓝调歌曲吗？还是让艾拉·菲茨杰拉德（Ella Fitzgerald）这样的歌者去唱吧。我这里所说的“哀歌”吟唱者，是指近在我们身边的某些人。

虽然他们引起你注意的话语不尽相同，但他们脸上的表情所发出来的声音却跟他们说的话一样大声。

- “噢，我没有做成这笔买卖。”
- “唉，老板对我有成见。”
- “天可怜见的，好运从来就没有落到过我的头上。”
- “当机会来临时，我要是能够碰上就好了。”
- “有什么用？我绝不可能得到这个合约的。”
- “麻烦的是，在这场竞争中我已经败了。”

竞争？如果这些尽是发牢骚、抱怨的人，能够明白竞争是有益的就好了。**竞争能使你充满活力。**

我过去担任销售员的经销店拥有通用汽车的经销权，那时通用汽车公司里有另一个部门专门负责零件的制造和经销。我曾经在一个为零件经销商以及销售员举办的商品发表会上，听到一名歌者假扮一名销售员唱着：“我已经被无所不在的竞争打得满身是伤！”

不错，竞争对我来说再熟悉不过了。在销售领域里，我不仅要与同品牌的销售员竞争，也要与销售不同品牌的本国车、进口车的销售员竞争。更重要的是，在我工作的经销店里我就面临竞争：与那些近在咫尺的其他销售员。

但我深爱竞争。可悲的是，虽然我把竞争者视为激发我潜能的人，但他们却把我看作妨碍他们销售的绊脚石。事实上，他们才是自己的绊脚石。竞争意味着如果你想获胜，你就必须加倍努力，而那些尽在生活中抱怨的人却不愿意多努力一点点。

此刻我心里想到两个例子，它们深深影响了我的事业以及它的走向。第一个例子发生在石油危机期间，这个 1974 年由政治所引发的灾难确实让汽车销售遭受到了重大的打击。**石油价格屡创新高，大家都把购买新车的想法打住了，我得花上两倍的心力才能完成一桩买卖。**当时销售圈里净是一些“哀歌”吟唱者，同时不乏一些高唱“真伤心啊，在这个不景气的时期，我根本不可能卖出车子”的泼冷水的人。

第二个例子发生在 1974 年初，当时所有底特律都会的汽车经销商星期六都关门不营业。虽然星期六通常是经销店最繁忙的日子，因为这一天人们无须工作，可以到处逛逛，买买东西。我可以想见，如果我在星期六卖不了车，我的荷包必然是扁扁的——如果我任由它去的话。再一次，那些“哀歌”吟唱者又说了：“可怜的我，如果无法在星期六卖出车子，那么我干脆放弃不做算了。”

可是**在我的字典里没有“放弃”这类字眼**，我下定决心绝不让这些坐冷板凳的人影响我，当应该采取行动时，他们只是提供一些建议而已。我要卷起袖子，专心工作。对于那些立志要攀登巅峰的人，我所能给的最佳建议也是：卷起袖子马上行动。石油危机？星期六歇业？那又怎样？但愿我可以说我打破了自己销售汽车的年度最高纪录，即我在 1973 年所创下的 1 425 辆的纪录。可惜我在 1974 年的销售成绩是 1 376 辆——减少了 49 辆！如果你要将它归咎于星期六不营业，那它表示我在 1973 年的 52 个星期六当中，有 49 天每天只卖出了一辆车，还有 3 天则一笔交易也没有。所以说，1 376 辆车的销售成绩终究还是很不错的。而如果我听信那些为自己找借口的人的消极想法，那么我能有什么作为？那我将会一事无成。

靠着对那些光说不练的人的说辞充耳不闻，我使得自己身处一个充满信心及自信的氛围中，而这样的氛围只会带给我正面、积极的结果。然而，我那时并不清楚，拥有这种正面的氛围会带来积极的效果，在过了相当长一段时间后，我才体会到，氛围或者环境会对一个人经营事业与生命的态度产生深远的影响，同时它所带来的态度还能够在实质上决定一个人的行动。

环境是成功的开端

“在你攀登巅峰的过程中，重要的就是与一群肯去做的人为伍。”这是身为密歇根州埃达的安利公司（Amway Corporation）创始人之一理查德·M. 德沃斯（Richard M. Devos）所提出的忠告。

世界上有人不知道安利公司吗？我感觉没有。但为了不知道它的人，在此先简单介绍一下这家公司。安利是一家知名的消费品制造商，拥有一个超过 100 万名独立分销商的全球直销网络。它所销售的产品超过 4 300 种，其中包括安利自己以及其他品牌的商品，完全通过上门推销和邮购的方式销售，年营业额以数十亿美元计。安利的标语就是：“我们送出的产品是最好的！”

你可能极容易就猜出来，安利的名字代表人有利用其天赋才能，通过努力、毅力及信心使他们自己有所成的权利。这个由德沃斯和他从小结识并成为终身事业伙伴的杰伊·范·安德尔（Jay Van Andel）

共同创立的事业王国，其营销网络遍及北美、亚洲及欧洲，全球的员工人数超过万人。德沃斯很小的时候就懂得与积极、乐观、勇于尝试的人结交的重要性。

德沃斯的父母是非常虔诚的教徒，因此他进入一所教会学校就读，在那里他感受到一种“上帝爱我，而我是一个有用之人”的氛围。学校里充满了信心和努力学习的气氛。德沃斯进一步说道：“我周围的同学都有相互学习的态度，同时奉行工作伦理。遗憾的是，由于我的成绩并不突出，因此我的父母便对是否还要继续支付如此高昂的学费产生怀疑。”

因此，第二年他就转学到了一所公立学校，而那里的学习环境截然不同。但德沃斯并不对它做任何较好或较坏的价值判断——它只不过是不同罢了。

“过了1年，我又转回到教会学校。那是我有生以来自己做的第一个清楚自觉的决定，同时它对我的一生有着极大的影响。”他当时，同时直到现在还相信，高中时期将为未来奠定基础，而未来的方向也在那个时候就确立了。这就是为什么选对一个正确的环境如此重要。

但他的父母提出了一个问题：“学费要由谁来支付?”德沃斯表示他会负责自己的学费，但他的父母还是替他付了。尽管如此，德沃斯还是出去打工，他在加油站为人加油，也卖报纸，每天下课后都要工作好几个钟头。

德沃斯声称：“重要的是，回到教会学校是我对人生方向所做的第一个承诺，而我愿意为它付出代价。我让自己再度回到了充满积极思想、相信自己同伴的环境中，这对我未来的人生有很大的影响。**环境的重要性远超过我所能强调的。**”

我常会问那些在一生中有所成就、实现了自己的梦想的人：“在你攀登巅峰的过程中，是什么燃起你奋斗的火花?”当我问德沃斯同样的问题时，他用了“带动”这个字眼来解释火花，意思就是引发了某种行动：“在我们的一生中，常会因为某些特殊、非自我诱发的事件而燃起或者引发我们奋斗的意志。我很幸运，在一个给了我勇于尝试的生活态度的家庭中长大。这种生活态度的培养，是依个人的生长环境而定的。**虽然人的一生中有许多事情是人力无法掌控的，但环境却是可以掌控的。**”

德沃斯自己就发展、琢磨出一种人生哲学。这种哲学曾经对他和他的搭档产生了莫大的助益，同时也是我衷心推荐给那些想要攀登巅峰的人的。德沃斯称之为“三 A”，即行动（Action）、态度（Attitude）和环境（Atmosphere）。

行动

德沃斯确信：“我们每一个人都希望为梦想采取适当的行动，但却不一定做得到，甚至可以说没有人做得到。我们每个人都有弱点和缺点，而最佳的行动就是去做对的事。但是，是什么促使你去做这件事，而不去做另一件事？是什么使得你乐于与积极的人为伍，而非那些消极的人？是什么使得你选择继续求学而非辍学？是什么使得你谋划建立自己的事业，而非从来就不愿尝试着去做？对某些人来说，采取行动是相当困难的。”

态度

德沃斯解释道：“生活中有许多事情不是我们自己所能决定的，它们往往是负面的因素。譬如，生活中总会有些不幸的事情，我们就是无法以积极的态度去面对它们。当它们发生时硬要轻松地说‘这不是很棒吗?’是很不切实际的。因此，态度虽然是一件很重要的事，而你也可以设法改变你的态度，但你还是要面对现实的生活、困难、全球大事等超出你控制范围的事情。那么你握有哪些可以增加你在抱持积极态度、采取正确行动方面的胜算的筹码?”

环境

德沃斯进一步说道：“这是可以掌控的。如果你设法让自己置身于一个追求成就的环境里，那你便有较大的机会拥有正确的态度，也更有可能采取正确的行动。”

这种人生哲学是如何带动德沃斯获得成功的?他在高中时，在教会学校里遇到了他后来的搭档杰伊·范·安德尔，他是一个与德沃斯有着相同梦想、希望和目标的青年。他们一起计划创建自己的事业。但他们在毕业之后，首先面临的是服兵役。在这两个年轻人服役期间，他们获得了来自双方父母的关爱与支持。然而，这也是他们开创自己事业时仅有的了。

最初德沃斯和范·安德尔开设了一家小型的飞行学校，同时提供一些飞行服务。但他们俩没有一个懂得飞行，而他们的竞争对手却都是有执照的飞行员。由于可以掌控的因素能决定正确的行动，所以他们很聪明地将飞行业务交由他人去做。德沃斯回忆说："我们可以只专注于公司的经营和招揽客户。我们的竞争对手都主要关注个人飞行的教练，而我们则是把重点放在招揽大批学员来学飞行，同时雇用十几个飞行员来教学员如何开飞机。我们所看重的是建立一项事业。"他们一直都注重事业的建立。

德沃斯和他的伙伴后来退出了飞行学校的经营，开始了另一项新挑战。20 世纪 50 年代末，他们在车库里开始了一项新事业，这项事业后来演变为现在的安利。这项事业是销售清洁液，而清洁液是后来千百种家庭及个人产品的前身。他们为安利所设计的营销策略，是建立一个复式的经销网络，在这个网络下经销商会发现，无论是将商品卖给其他经销商，还是直接卖给安利的客户，都可以获得相当丰厚的利润。今天，理查德·德沃斯已经是亿万富翁了。

德沃斯认为，那些梦想拥有自己事业的人，往往只注重管理事业，而非建立事业。依他的看法，大多数公司之所以会垮掉，是因为创业者想要成为这家公司的经营者。德沃斯说："当某人辛辛苦苦建立起的事业稍有成长时，他就开始花许多时间去阻止它的成长。自此他就陷入一个怪罪的阶段，他怪罪每个人，却忘了检讨自己。"

然而，你在安利看不到怪罪与相互指责。在攀登巅峰的过程中，德沃斯提倡向每个人提供 4 种重要利益：

(1) 选择的自由。你的工作、学业及在这些事情上的努力程度，钱要储蓄起来还是花掉，你都可以自由决定。

（2）不同工同酬。这是激励人们的一大因素。

（3）对成就的肯定。无论是将某个孩童的名字写上荣誉榜，还是企业所制定的红利制度都具有相同的意义。肯定所带来的激励，与金钱报酬带来的同样巨大。

（4）希望。它是达成伟大目标不可或缺的原动力。

德沃斯相信，如果你不是在一个勇于尝试的环境中成长，那么你能做的最重要的一件事，就是接受你不具备“尝试”态度的事实，然后让自己置身于一个周围的人能够给予你鼓励的环境中。太多的人在一生中都与输家为伍，以致他们认为自己也是输家。因此，想要攀登你所选择的领域的巅峰，就要跟喜欢挑战、思想积极、自动自发以及努力工作的人交往。

然而，在迈向成功途中的每一步，你都负有一定的责任。就像德沃斯所解释的：“如果你正享受功成名就所带来的利益，那么你就应该用你的时间、精力或金钱回馈社会，去帮助那些不论原因为何、不知如何成为一个成功者的人。”

在德沃斯攀登巅峰的途中，他已经帮助过好几百万人获得事业以及财务上的成功。而他也从未放弃与这些人的接触，事实上，他早已将肯定及奖赏表现良好者变成生活中的一部分。他将他的事业建立在褒扬人们的基础上，并且以一种相当独特的方式与人们沟通：便条。德沃斯送出过无数张便条给他的员工和商场伙伴，每一张都写着：“理查德爱你。”谁还能要求比这更好的气氛？

使你的道路更平坦

我始终相信，当你与适当的人结伴同行时，你通往峰顶的道路一定更为平坦。把不好的同伴扫开。

哪些是有益的同伴？就是那些能够帮助你的人。更重要的是那些事迹能够给你勇气的人。但千万不要误会我的意思。如果你尝试奉迎、巴结某些人，那你是不会从他们身上得到任何帮助的，因为他们随即就会察觉你的意图。当然你也不会希望自己的周围有些阿谀奉承的人流连不去。在这里**关键的字眼是交往，而不是攀附**。

那么，你该跟谁交往？与那些成功人士，那些已经功成名就或者正朝这个方向前进的人交往。

寻找那些热情的人、乐观的人、认为杯子半满而不是半空的人；正如俗话所说的，“命运给了他一个柠檬，他就能够做出一杯柠檬水的人”；工作勤奋的人，也就是那些卷起袖子、努力达成攀登巅峰之路上的每一个目标的人。

你需要那些自动自发的同伴，那些具有追求成功的动机的人、自信的人、自我管理及自律的人、那些愿意将所学知识传授给别人的人，包括老师、教练、主管、同事、家庭成员中的长者和智者、训练员和领袖。所有这些人都能够，通常也都乐意使你攀登巅峰的路途更为平坦。他们本身就是成功的人。

与成功的人交往可以孕育成功。一个除夕夜，我在拉斯维加斯的丹斯旅馆里许下了一个新年的新决心。我们知道，我们常喜欢取笑他人说他们的新年决心往往不到20分钟就被打破了，但我可不。我的决心是要严于律己、与有益的人交往、追求成功以及谨记攀登巅峰是一条双向的道路。

关于最后这一点，我的意思是，如果你希望得到别人的帮助，那么你也一定要乐于帮助他人。举例来说，在我的销售生涯中，我就从我的经理弗雷德·墨菲（Fred Murphy）处得到了许多帮助。他不只是我的经理，而且是我的良师。他告诉我什么当为、什么不当为，还称那些成天在冷饮贩卖机旁边流连不去的人为“毒窟”。但他们并不吸毒，只是吊儿郎当。他告诫我，如果我想成功，就离他们远一点。他说的一点儿也没错。如果说我成为全球顶尖销售员应该归功于什么人的话，那个人无疑就是弗雷德·墨菲。我也曾从许多我工作过的新车及二手车的销售店经理那儿得到过不少帮助，但为我指出事情另一面的是弗雷德。

就像你曾经得到别人的帮助一样，现在是你帮助别人的时候了。我奉行弗雷德的忠告，谨记要去帮助那些刚来经销店的销售员。我会说：“如果我帮得上忙，不妨信任我。注意我是如何向客户说明的，观察我是如何成交的。向我学习。”记住，**有舍才有得，你帮助了别人，别人也会帮助你**。

第 13 章

你今天做了些什么？

你能详细指出你今天的每一分钟，或者每个钟头都做了些什么事吗？其中有多少时间是用在有意义和有用的事物上的？又有多少时间是花费在可以带给你满意的投资报酬率的活动上的？更重要的是，你今天究竟浪费了多少时间？

让我们想想几个关于时间的说法，尤其当你想为自己找借口时，它们倒是很有帮助的：

- 天啊，时间过得真快！
- 我可能一天需要 48 个小时，才能把工作做完。
- 我的时间总是不够。
- 时间对我来说过得特别快。
- 这件事不急，我可以留待明天再做。
- 真是抱歉，我延迟了一点。
- 我忘记时间了，这总可以吧？

朋友，别再跟自己开玩笑了。别人拥有的时间既不比你少，也不比你多，美国总统一天所拥有的小时数，跟你我之类的平民都一样。每个人一天都有 24 个小时，一年 365 天，闰年时多 24 个小时。因此，你在一天 24 个小时里拥有 1 440 分钟，我称之为最珍贵的礼物。

1 440 礼物

当你明白，你拥有的时间既不比别人多也不比别人少时，问题就不是你有多少时间可以用来做事情，而是你如何运用时间。一旦你把 1 440 分钟花了，那它就此逝去，不再回来。因此，昨天就像是一张作废的支票，而明天则是一张待兑现的期票，也就是你即将拥有的时间。

因此，成功就是看你如何安排这 1 440 分钟。重要的事情先做，将与事业或工作有关的事务依重要性高低排定优先次序。当然，如果你已经给了某项工作第一地位，就不要给别的工作相同的优先次序，因为**如果你赋予数项工作相同的优先次序，那你就违反了“要事优先”的原则**。更糟的是，你会失去每日工作的重心，因此专注于你必须做的事情，是你攀登巅峰的路途上很重要的一步。一旦你的焦点发生偏离，那么就像一张模糊的照片一样，只会削弱你运用时间的能力，你的思绪很容易乱作一团，结果将是一事无成。

浪费时间的事务

认清楚哪些事情是浪费时间，是很重要的，以下就是一些典型例子：

(1) 那些没事到你办公室串门聊天的人（学着对他们说不，毕竟办公室是工作场所）；

(2) 在饮水机或者咖啡贩卖机前逗留和闲聊的人（拿了你的咖啡就回到办公桌去）；

(3) 打一通电话就可以解决的事，却以写封冗长的信代之（同时少打私人电话）；

(4) 阅读那些跟工作没有直接关系的报纸杂志；

(5) 午餐时间过长；

(6) 休息时间太多；

(7) 讲话没有重点（记住，说话简明扼要并且切中要点可以节省不少时间）；

(8) 没完没了地开会（会议的开始与结束都要准时）；

(9) 事情一拖再拖（事情一旦做了，未完成前就不回家。或许来日方长，但今天才是最重要的）。

这些浪费时间的事务都会将你一天的 1 440 分钟销蚀殆尽。

组织起来

会管理时间的人建议你将一天 24 小时分成 3 大段，使你的时间安排有条理：8 小时工作、8 小时休闲（进食、交通、娱乐等）以及 8 小时睡眠。但通常的情形是，你的工作可能占用了休闲时间，而休闲时间有时又是通过牺牲睡眠换来的。也就是说，你没有管理好你的时间。

关于时间我有 4 个法则，我称之为“生活四法则”。

（1）吃饭的时间吃饭。我绝不允许在用餐时间掺杂一些最好在其他时间处理的事情。

（2）睡觉的时候睡觉。我喜欢睡觉。同样，我不会让一些非睡眠的活动来搅乱我的睡眠时间。

（3）休闲的时候休闲。我绝不会把工作和休闲混在一起。我的汽车交易一定是在经销店处完成，绝对不在高尔夫球场或是壁球场完成。

（4）工作的时候工作。工作时间可以衡量一个人事业的成功程度，因此在工作时间内，我绝不会浪费时间，而且我也不会让别人浪费我的时间。

由于奉行这 4 个法则，尤其是第 4 条，我的每一分钟过得比别人更有价值。

当然，你越接近成功的巅峰，你就越能管理好你的时间。不过在你一路向上攀爬时，你的上司和其他人会掌控你的部分活动，指派工作给你并限定它开始和完成的时间。市场上已经有很多书籍和课程教导大家如何管理时间。管理时间有很多技巧，但如果你遵行本章所告诉你的简易方法，那你就已经学会管理时间需要学习的一切了。

让时间为你工作

“我做的每一件事都是经过精心规划的，否则我不可能完成任何事。”这是在密歇根州拥有将近 20 家家具店的阿特·范家具（Art Van Furniture）公司董事长兼首席执行官阿特·范（Art Van）所说的话。它的整体规模、设备和销售量已使它跻身美国最大的家具公司之列。阿特·范雇用上百名员工，这些员工和他一样致力于满足人们对于家具的需求。范说，“我爱这些人。”这种特质体现在他的经营方式中，他经营的不只是家具事业，同时还是大众事业。

阿特·范通过成功地运用许多重要的技巧和方法而攀上了巅峰。其中很重要的技巧就是：充分利用时间。当范说到“精心规划每件事”时，在他的观念里，**“规划”就包括将他的活动排定优先次序，懂得分层负责，同时最重要的是，以一种最有效率的态度聪明地管理时间**。

事实上，阿特把时间视为我们最重要的日用品之一，而且跟我一样，他也发现了一个事实，那就是有如此多的人不珍视它。用今天的话来说，时间是不可回收的。光是注意现在几点几分，是不会产生任何经济效用的。在现今的社会里，鲜有人把时间视为一项投资。而你对于每种投资，都会要求满意的报酬。

“是时候了”这句话对阿特·范而言，具有实质的意义。当他还小，他记得是12岁多将近13岁的时候，他的父亲拉着他的手说：“过来，孩子，现在是我带你到外头找个兼职工作的时候了。”

阿特是很愿意的。当时家庭经济状况很拮据，而阿特也真的希望出去工作。他想学习如何卖东西，于是他的父亲就带他到附近熟识的杂货店，告诉店主：“我希望你给阿特一个工作。”

那位店主表现得很犹豫，他说：“店里生意并不忙，你的孩子又还小，而我也不打算雇人。”

他的父亲说：“他会努力工作的，他可以做任何事，比如扫地、清洁，什么事都行。”接着他又说，他和孩子想要的是借此学习如何销售东西。阿特最终得到了这份工作，而且从那天起，阿特说他这一生就一头栽进事业里去了。“我卖报纸，卖服饰，卖家具。我有充沛的动力，而我也愿意付出我的时间去获取成功。”其实他所贩售的就是被善加利用的时间。

和我一样，阿特·范也是在底特律东边底层区长大的。相信我，那是一个鱼龙混杂的地方，你必须非常机灵，还要能够应付随时可能发生的斗殴。他也像我一样，决定自己创出一番事业，而他的动机也和我一样，是渴望向他的父亲证明他有能力、他能够做到，而且他会成功（不同的是，他父亲对他有信心，而我父亲对我没有信心）。

阿特说：“我的父亲并不擅长赞美，但他告诉我，‘儿子，天空才是你的界限。’而我相信他说的话。”当他成年时，有一段时间这片天空被兵役限制住了。他在 1949 年退役，随即和高中时代的女友走进婚姻礼堂。这时他仍然想从事销售的工作，而他也确实这么做了。

他回忆道：“我在一家家具店得到了一份工作，负责现场销售，正好可以把我过去在杂货店里学到的销售技巧派上用场。”他和太太组建了家庭，而当小孩一个接一个地到来后（他是 10 个小孩的父亲），他更加努力以追求成功。他说：“后来我成为一家店的经理，但我非常渴望给家人舒适的生活，所以我知道我必须赚更多的钱。”

当他为未来制定目标时，他的父亲很久以前说的那句“是时候了”或许在潜意识里影响了他。他知道，时间是珍贵的赏赐，他应该善加利用。事实上，早在他在杂货店工作的那段时间，他就明白了时间的重要性。“**当你从事零售工作时，面对客户，你必须好好利用每一分钟。**你必须跟着客户，满足客户的需求，最后达成交易。你不能浪费一分一秒。”

从 24 岁开始，阿特便一步步迈向成功的巅峰，最后终于拥有了属于自己的事业。他的人生经历充满着无数大大小小的成功与挫折，而这些成功与挫折也丰富了他的人生哲学。在那些日子里，他曾经历了举债、还债、把房子抵押出去、熬过 20 世纪 50 年代末 60 年代初的艰苦时光、几度欠缺流动资金、濒临破产、与人合伙又分开、把商店转了出去又买回来。然而这一路走来，他始终遵循我一直宣扬的一些法则。他说：“**我销售家具，但更重要的是，我销售我自己。**”

最后阿特终于达到了他追求的目标：拥有将近 20 家商店以及一

家大型中央仓库。“我知道如果要扩充业务，就必须借助广告。而为了进行广告宣传，必须在各地广开分店以便在报纸发行和广播电视所能辐射到的范围内获得最大效益。”他的家具店都设在大都会区内。阿特·范**不仅知道广告的重要性，也知道广告的地点和时机的重要性**。

在阿特·范攀登巅峰的过程中，他让时间为他工作。他管理时间的原则非常值得大家学习。我力劝那些想要出人头地的人一定要遵行这些法则：

（1）**肯定时间的价值。**时间是上天最珍贵的赏赐，是一颗价值不菲的珍珠。阿特建议：“定期安排会议，同时限定会议时间的长度，务必不浪费每一分钟。同时，我凡事都事先预约，而且我预期每个人都会准时。”

（2）**控制你所分配的时间。**以一种精打细算、有效率的方式，利用你所拥有的时间。阿特提醒大家：“谨记永远站在时间前面，意思就是好好把握时间。”

（3）**排定优先次序。**逐一检视你的工作，列出什么该在本星期之初就去做，什么可以留待稍后再做：什么应该一大早就做，什么可以晚点再处理。阿特说：“排定优先次序可以帮助你确定你已将重要的事放在最优先的位置。”

（4）**学习如何慎重授权。**让自己专心去做主要负责的事务，把其他工作交给助手去做。阿特说：“你想插手的事情愈多，你浪费的时间就愈多。授权是对的，但还要确定你跟我一样，把工作分派给了最佳人选。这么做就等于多了好几倍的你。”

（5）**凡事不拖延。**没错，拖延是偷时间的贼。因此，今天该做的事，绝不要拖到明天才做。阿特说：“我为自己定下了一个规定，在我下班离开之前，一定把工作做完。”

我们都听过这句谚语：“省下一分钱就等于赚到一分钱。”我们也可以这么说：“省下一分钟就等于赚到一分钟。”因此，你省下的每分每秒就是你所赚到的，而你赚到的，就是投资报酬的衡量指标。说到这里，我要向阿特·范致敬。

他用智慧工作，他的成功故事令人印象深刻。当你看过一家又一家阿特·范的商店，浏览过他店里展示的各式各样传统的、现代的、引领潮流的商品后，就会发现它们充分反映出：他在攀登巅峰的过程中，已有效地运用了时间。

其他关于时间的小秘诀

阿特·范的许多管理时间的小秘诀，在我的书和演讲里都曾提到过，虽然他的运用方式稍有不同。你也可以这么做，即根据你的个人情况对你的技巧和原则做些变通，譬如根据你的工作或职业进行调整，如果你是学生，就调整你的课程；如果你是教授或老师，就调整你的授课安排。

先前我曾提到，明天就像是一张期票，是你即将拥有、可以善加利用的时间。你会不会想要以一种从未想过的方式去增加时间？你愿不愿意每年无须重新安排工作计划，就拥有一个月自由自在的假期？

那么，你不妨每天比平常早 1 个小时开始工作。我在卖出 1 425 辆车的那一年就开始这么做了，同时在我销售汽车的职业生涯里，我一直坚持这么做。每周有 5 天都早 1 小时开始工作，你就多出 5 个小时的工作时间，1 年下来，就超过 250 个小时。拿出笔把这 250 个小时除以 8，也就是除以一个正常工作日的工作时数，你就可以得到 31 天，等于 1 年里多出了 1 个月。

如果你每天再晚 1 个小时下班，想想它的结果。那会让你又多出 1 个月。因此，大家其实可以很轻易地在 1 年之中得到额外的一两个月，他们怎会抱怨时间不断从身边溜走？

因此，马上以最有效率的态度着手管理你的时间吧！就如同俗语所说的，时间已经比你想象的要迟了。

第 14 章 诚实的重要性

我想这句话无论说多少遍都不嫌多：**任何交易都要绝对诚实**。如果你想到达成功的高峰，那么绝不可欺骗，绝不可说谎。谎言，即使是善意的小谎言，也曾经使得许多人从好不容易攀上的巅峰摔落，或是使得他们追求成功之途就此终止。这个跟头能摔得多重？想想某位美国总统就因为对全美人民撒谎而黯然下台的例子。

在现今社会上，我们看到小孩对父母说谎、父母对小孩说谎、夫妻间相互欺骗、官员也欺骗对他们信赖有加的民众，这是可悲而又不争的事实。事实上，阿道夫·希特勒（Adolf Hitler）就曾经说过，如果你撒了一个谎，一个弥天大谎，那么你说的次数越多，就有越多的人相信它。

是的，撒谎已是一件稀松平常的事，但你不能让它成为你日常言行的一部分，绝对不可以。

许多关于诚实与不诚实的故事已经流传了好多年。其中有些是真实的，有些则只是传闻。譬如，几乎每个学童都曾经听过乔治·华盛顿（George Washington）和樱桃树的故事。当乔治的父亲站在他面前，问他是谁砍了这棵树时，年幼的乔治手握他的小斧头说道："我不能撒谎，是我砍的……"不管这个故事的真实性如何，它都不失为一个好故事，而它也是我在孩童时期最早得知的故事。

此外，每个学童也都学到了另一个关于亚伯拉罕·林肯（Abraham Lincoln）的故事。年轻的林肯受母亲的差遣，到好几英里外的商店为她买东西。在回来的路上，林肯发现商店老板多找了钱。于是他又拖着疲惫的双腿返回这家商店，把多找给他的那些钱还给店家，这个故事讲的就这些。在这个故事里，钱的数量并不重要，重要的是林肯所表现出的诚实，这是一个很好的例子。

比较近期的例子有：富兰克林·D. 罗斯福（Franklin D. Roosevelt）总统告诉全美人民经济不景气的事实，并且说道："我们该恐惧的只是恐惧本身。"这句话帮助美国人民安然渡过了经济萧条时的大恐慌。

英国首相温斯顿·丘吉尔在第二次世界大战期间德国纳粹猛烈轰炸英国领土时，也从未对英国人民隐瞒情况。他断言在这场战争中，只有用"鲜血、辛勤、眼泪以及汗水"才能打败敌人。就像那首流行歌所唱的，他"从未允诺为我们带来一座玫瑰花园"。

在我的一生中，我对我的母亲曾经教育我要诚实这一点，始终心存感激。她本身就是一个诚实的女人，而她对我说过的最诚实的话就是："乔，你可以成为一个了不起的人物，你可以创造自己的事业。"

当我开始销售的职业生涯时，我将她对我的信心放入工作。我从未对我所卖的车或是我自己说过一句不诚实的话。结果，它为我赢得了顾客的信任和信誉。如果我没有在工作中谨守诚实和行事磊落的原则，我可能连 10 辆车也卖不掉，更别说 1 年卖 1 425 辆车了。

《圣经》告诉人们，**要说实话，说实话能使人免于桎梏**。什么样的桎梏？比如罪恶感、羞耻、不信任、闲言碎语、丑闻、丧失自尊等。同时，在此还有一个重要的事实：在我的书中或者演讲里，当我对你说你是第一时，我是绝对真心实意的。你确实是第一！

此外，如果当你看着镜中的自己时能够对自己说同样的话，那么你所说的也一定是真话。谁比你更有资格对自己说真话？就一个人和他成功的秘诀来说，在交易中保持绝对的诚实，是他踏上成功之途最重要的事情之一。

波塔姆金五步成功方程式

有些汽车经销商认为，能够拥有一家赚钱的经销店，就足以代表事业成功了。他们的想法并没有错。另外也有人认为，要拥有两家甚至三家赚钱的汽车经销店，才算达到事业的巅峰。如果这就是他们想到达的巅峰，那么他们也没有错。

而如果一位经销商拥有超过 50 家连锁经销店，那么他在我和任何人的书里都肯定会被视为一个超级成功的人物。维克托·波塔姆金（Victor Potamkin）就是这样一个超级成功故事的主角，他经营一个经销店总数超过 50 家，遍布曼哈顿乃至迈阿密地区的超级连锁网络。

波塔姆金的超级连锁网络即使不是全球最大的汽车经销商之一，也是名列前茅的汽车经销商，年营业额超过 10 亿美元。他的儿子艾伦（Alan）和罗伯特（Robert）分别在迈阿密及费城两地，掌管波塔姆金大部分汽车及其零件销售业务与售后服务。

维克托·波塔姆金的创业历程本身就可以写成一本书。他由非常卑微的起点攀向巅峰，这在旁人看来几乎是不可能的事。他的父母是经营一个小鱼摊的鱼贩，尽管他们非常贫穷，但他们对波塔姆金的努力却相当支持。波塔姆金回忆道："当我还很年轻时，为了 18 美元的周薪，我便开始从事开卡车运货的工作。我所运载的主要是家禽及其他肉类。"当时正值第二次世界大战前不久。

波塔姆金说，当时他注意到人们对于肉类各有偏好，例如，有的人喜欢鸡肉中的白肉，有的人则喜欢深色的部分。他是第一个认为如果把鸡肉分开来卖，会比整只卖利润更高的人。"为什么不把白肉卖给偏好白肉的人，而把深色肉卖给想买深色肉的人?"于是他开了一家店，同时为它设计了一个崭新的广告策略，它用的广告词是"买你想要的部分，就是个聪明人"。为了加强他的新观念，他让一个人在商店的窗户边工作，让过往的行人可以看到鸡被宰杀的过程，知道鸡是新鲜的。事实证明他的做法非常明智，尽管当时鸡肉一磅才卖几分钱，但他依然赚了不少钱。他的秘诀就在于薄利多销。

在第二次世界大战过后，波塔姆金打算在佛罗里达州开一家店，但他的哥哥告诉他，在宾夕法尼亚州有一家汽车经销店正要转让。于是波塔姆金盘下了那家位于费城的店，自此他便成为汽车经销商。而他在这个新事业领域里成功的秘诀，仍然是薄利多销。

由费城开始，经过数十年的扩张，波塔姆金已把这项汽车及其零件销售的事业经营成一个家族企业。波塔姆金说："从我还很年轻时开始，我便一直遵循五个重要的原则。它们给了我很大的帮助，而我相信自己现在的成功也要归功于它们。"以下便是维克托·波塔姆金的五步成功方程：

（1）选择一项爱好的事业，以及你引以为豪的商品。这会使得那些不可避免的辛勤工作及种种问题变得像是乐趣与挑战。

（2）要有辛勤工作及面对种种问题的打算。

（3）随时预留一个 B 计划。你以另一种方式处理问题的能力，往往就是决定成功和失败的关键。

（4）凭借客户的满意和持续的生意往来，维持长期的市场占有率。所有的交易都必须绝对诚实。

（5）对员工薪资实行佣金制而非固定制，同时让重要的经理人成为他所管理的公司的合伙人。

虽然波塔姆金的数十家兼售国产车和进口车的经销店已成为一个家族企业，但所有店都另有合伙人分享它的股权。有些合伙人所拥有的股权仅占 20%，有些则可能拥有更大比例的股权。

由于时时寻找新的机会（就像他从鸡肉转型到汽车），波塔姆特现在拥有广播电台网，以及一家位于佛罗里达州棕榈湾、附属于美国广播电视公司的电视台。他说："**每个人的周围始终不乏机会。**"

他解释道："人就是我工作的动力，同时我们要确定，跟我们共事的人都觉得满意，也工作得很好。"他接着简单加上一句，所有在他的经销店工作的人，包括他的家人在内，都有另一位很重要的合伙人——"**顾客就是每个人的合伙人**"。

有着这样的工作哲学，还有谁会怀疑维克托·波塔姆金可以从一个卡车运货员跃升为全球最大的汽车经销商吗？

神奇数字 250

无论你的目标是什么，无论你的工作是什么，如果你想要跟我和维克托·波塔姆金一样登顶成功，就要先想想以下几个问题：

- 你的产品或提供的服务是不是令你觉得骄傲，同时也让别人能够信赖？
- 人是不是你工作的动力？你是不是以你希望别人对待你的方式对待别人？
- 如果你经营一项事业，你是不是将顾客视为你的合伙人？你最终的目标是不是让每一个顾客都满意？
- 最重要的是，在所有的交易中，你是不是始终诚实？

在此请你想想吉拉德的 250 法则（Girard's Law of 250）：**你与人交往的方式，你对待别人的方法，都会产生 250 倍的乘数效应，而我已经目睹这个 250 法则一再地产生乘数效应。**

为什么是 250？这个神奇的数字，是我从一位葬礼执事那儿得知的，他总是知道该为某个葬礼发出多少张追悼邀请卡。经验告诉他，中等的葬礼或者追悼会通常会有 250 个人来参加。我稍后也得知，餐厅、酒馆一般也预期每晚平均会有 250 个客人上门——当然这里所指的不是那种家庭式的饭馆，而是较大的餐厅或者鸡尾酒店。我通常会在我的演讲中提到这个 250 法则。

然而，这个 250 法则又该如何应用到你的日常言行中呢？我谨记那位葬礼执事告诉我的话，同时自己做了些算术运算。我大略估算了一下，一句说出口的话在经过一段特定时间（在我的情形下是 1 个月）后将会产生的效果。令我惊讶的是，结果会有 250 个人听到同样一句好话或者坏话，同时根据它来行动。因为一个人会告诉另外两个人，而这两个人又会各自告诉另外两个人，然后这个过程会持续不断地进行下去。换句话说，**一个人如果让一位顾客觉得不满意，过一段时间，就会产生 250 个不满意的顾客**。

同样，某人不诚实的一句话或一个举动，如果被传到另外 250 个人的耳朵里，想想它对你攀登巅峰的路会产生多么严重的破坏。此外，当你行为刚正不阿、令人信赖、光明磊落时，想想这条法则又能为你带来多大的益处。

心动不如行动！

至少已有一个人见到这屡试不爽的 250 法则在他身上应验、一再为他带来莫大的利益了。诚实对他的意义是如此之大，以至于他干脆将自己的名字冠上“诚实”二字。

“心动不如行动”是位于加拿大安大略省多伦多西布罗街与马汉街交叉口的诚实埃德之店（Honest Ed's）用来招揽客户的典型招牌。诚实埃德之店是一家令人惊讶的商店，它使得埃德·米尔维什（Ed Mirvish）从一名高中退学的穷小子摇身一变，成为百万富翁。这可一点儿也没夸张。

埃德·米尔维什令人瞩目的成功不仅在于他拥有相当独特的商场，而且在于他还拥有多伦多的皇家亚历山大剧院（Royal Alexandra Theatre），该剧院演出过许多歌舞剧和音乐剧，许多知名演员也曾经在此登场。除此之外，他还拥有英国伦敦的老维克剧院（Old Vic Theatre）。这是一家全球知名的剧院，从轻歌剧到莎士比亚戏剧，埃德都看过。

除了这些之外，他还经营一家餐厅，叫作“埃德的仓库餐厅”（Ed's Warehouse Restaurant）（因为它是由一家真正的仓库改造而成的）。事实上，埃德的仓库餐厅有 6 家餐厅，除供应各式各样的菜肴外，还有古董围绕。该餐厅拥有超过 2 600 个席位，很赚钱。埃德这么形容它：“嘿，它是世界上最成功的餐厅之一。”

埃德的热情是深为人知的。当他把某件事称作成功时，你一定可以相信，因为他向来是绝对诚实的。他就是诚实的埃德（Honest Ed）。

成功一词之于埃德·米尔维什，就如同加拿大腌肉之于鸡蛋、飞镖游戏之于一家精致亲切的酒吧一样理所当然。然而埃德的成功是如何开始的？从一无所有开始。埃德的父母分别是由俄国和奥地利移居马里兰州巴尔的摩的外国移民。他的父亲曾经从事过许多工作，包括在沙龙和舞厅的工作。他卖过百科全书，经营过杂货店。埃德的解释是："我的父亲并不全然是失败者，但他也不是成功者。最重要的是，他是个好人。"

这个家庭后来从巴尔的摩搬迁到华盛顿，接着在埃德不到 10 岁时又搬到多伦多。他的父亲在多伦多开了一家杂货店，在那里，年轻的埃德学到了他销售方面的第一课。为了有钱支付账单，同时也为了省钱，埃德一家不仅住在杂货店后面的房间里，还把楼上的一些房间租出去了。

埃德在店里辛勤工作，他招呼客人，到批发商处批货，他的肌肉就是在搬运重箱子时练就的，如果你看到他骑着脚踏车到邻近地区送货的情形，那么你可能会认为他正在为参加环法自行车赛（Tour de France）而训练。

但这个家庭还是非常贫穷。当他的父亲去世时，他们甚至没有钱去埋葬他，而是由他父亲所属的共济会料理一切后事。在此情形下，15 岁的埃德不得不辍学，以接管杂货店的经营。经过 10 年的奋斗，他在买卖商品上的技巧更为老练，他还身兼会计，并且试图运用不同的销售技巧。然而尽管那么努力，但埃德仍然几乎入不敷出，他似乎就是连赚一分钱都很困难。

埃德终于明白，他父亲的经营方式，也就是在他父亲死后他继续沿用的经营方式，是一种失败的经营方式。从根本上说，满足每一个赊账人的要求就是一个错误，结果总是让对方一再地赊欠，最后他所拥有的，只是一大堆收兑无望的账单。他对别人的绝对信任害了自己，而结束营业的那一天终于到来了。“我开始认为布鲁克林道奇队（Brooklyn Dodgers）的经理利奥·迪罗谢（Leo Durocher）所言甚是，他说好人不长命。”尽管如此，但我却不认为埃德真的相信这句话。他告诉我他的诚实交易确实付出了代价，但他学到了在销售时什么是不应该做的，换言之，就是不要让任何人赊账，无论是亲自上门还是电话叫货。

亟须一份工作的埃德在一家超级市场谋得了一份差事，而这段经历对他未来的销售事业也很有帮助。埃德告诉我：“在我空闲的时候，我还从事别的工作。你相信吗？就在一家位于我父亲那家杂货店同一地址的干洗店里。”以我所认识的埃德，我倒不觉得这很难令人相信，但令我惊讶的是，向来忙忙碌碌的他，竟然会有空闲时间。

埃德一直渴望拥有自己的事业。而这种渴望充斥在这本书里所提到的绝大多数成功故事里。埃德希望无须听命于任何人，希望他花心血所得的收益只由他一个人独享。那时发生了两件重要的事情：他成家了，同时他们夫妻俩在诚实埃德之店所在之处开了一家小铺子。那是一家小服装店，他和太太每天从早忙到晚。他从批发商那儿批来衣服，然后再以加倍的价钱把衣服零售出去。这100％的利润开始改变他的命运，因为即使这样，他卖的价格在市面上还是相当便宜的。由此看来，埃德·米尔维什似乎正朝成功迈进，尽管他的说辞不同，但我相信事实就是如此。

埃德告诉我："**我的成功真的曾经是非生即死。**它是由挨饿开始的。当我很饿的时候，我所想的第一件事就是有正常的三餐。一旦我可以谋生而不仅是凑合过日子，我和我家人的餐桌上便不再缺少食物。于是我便在多年以前，以 214 美元的资金开始在多伦多经营那家小服装店。往后的一切都是由那家小服装店一步步发展起来的。"

这么多年里，他建立并且遵循几个重要的销售原则。如果你所追求的是拥有自己的零售事业，那么你最好遵循埃德的这几个原则：

（1）所有的交易都绝对诚实与磊落；

（2）去掉经营上的所有繁文缛节；

（3）定价从低，不要把价格提高后再打折；

（4）只做现金交易，赊账只会让你一无所有；

（5）让顾客自己服务自己，这么做不仅可以节省时间和金钱，也可以使顾客觉得自己被尊重；

（6）利用广告和展示吸引别人的注意，同时广告内容尽可能标新立异；

（7）无论所卖的是什么，商品周转率一定要高；

（8）不要一窝蜂地跟随别人；

（9）不要盲目扩张。

对埃德而言，合理的扩张终于变为可能，于是他买下了与他的店相邻的所有房舍，而原有的小铺子就蜕变为一家占据整排街道的综合商场。它的外表看起来并不新潮。地板不平整，楼梯走起来嘎吱作响，格局有点像是障碍赛的场地。尽管如此，但原先的服装买卖业务已经扩张为可销售多种商品的 17 个不同部门了。

埃德还是一如往常，以一种非常实在的字句形容他这家店："嗨，在这个地方买东西可以省下一大笔钱！"没有什么比这句话更切中要害了。他决定给他的店取名为"诚实埃德之店"，同时声称他想到这个店名纯粹是偶然。

纯粹是偶然？我不这么认为。他曾经不经意地提到他父亲是个老实人。他回忆起在他父亲的杂货店里，在那些农产品旁边总摆着一杆分毫不差的秤。有些印象是永不磨灭的，而埃德也很庆幸能够拥有这些记忆。

各种竞赛、媒体的宣传和长时间的销售，也是帮助诚实埃德之店成长的因素。埃德的促销手法尽可能简单实在，并不是越夸张越好，任何广告或者宣传标语也不是越新潮越好。当然，这一路上仍然充满着起起伏伏，但多年过后，埃德·米尔维什，那位骑着脚踏车在贫民区满街跑着送货的年轻人，已经赚进了好几百万美元。

埃德并不以一个人拥有的金钱数目来衡量这个人的成功。他告诉我："在我心目中，有许多不同的衡量成功的标准。一旦你有能力谋生，不再挨饿了，你那时对成功的定义就是当你想做某件事时，可以随心所欲地去做。"而尽情去做一个人想做的事，对埃德来说，就是做一个热心社区事务的市民、挖掘文化宝藏以及赞助艺术活动。因此，他花费 215 000 美元买下了建于 20 世纪初的著名的皇家亚历山大剧院，并且耗资 45 万美元进行了整修。埃德再一次表现出了他的诚实："我本身并不是一个戏剧爱好者，但这幢美丽的建筑物就要被拆除，改建成停车场。虽然我对剧院的经营一窍不通，但是不能眼睁睁地看着多伦多的标志就此被摧毁。”

埃德同样也不懂得餐厅的经营，但他还是买下了剧院旁边的一幢建筑——一间仓库，并且以“埃德的仓库餐厅”之名开店营业。“我想那些到剧院看戏的人，一定喜欢在节目上演前后吃点东西，所以在剧院旁边开一家餐厅会让他们更方便。”真是太方便了，因为开幕时间快到时，在餐厅用餐的人还会得到通知。

过了一段时间，他又买下伦敦著名的老维克剧院，并且亲自负责它的修复：“当时他们正在拍卖这家剧院，我投标而且中标了。就这么一回事。”有人可能认为，获得老维克剧院是他成功故事的巅峰，但事实并非如此。埃德又独资在皇家亚历山大剧院旁建了一座新的剧院，专供豪华歌舞剧表演之用。除此之外，他告诉我，他还经营了一家相当独特的博物馆，“里面的每样东西都是准备出售的，价值从 5 美分到 5 万美元的东西都有。女人都问 5 万美元可以买到什么样的东西，而男人问的是什么东西只卖 5 美分”。

从一个一无所有的小男孩，成长为一个在白金汉宫接受伊丽莎白女王二世（Queen Elizabeth Ⅱ）颁发皇家荣誉的男子，埃德仍然保持他害羞、安静、毫无架子的个性。他也是个精力旺盛的人。有一次他咧嘴笑着跟我说：“你听到过、从书上看到过的关于我的事，都是千真万确的。”

埃德获得如此大的成功有很多原因，但我相信诚实是居于首位的。除了诚实之外，还有另一个重要的原因。埃德·米尔维什告诉我：“关于我的成功，最美妙的一件事就是，其中有着太大的幸运。但这幸运无关掷骰子，而是有幸生在一个处处充满成功机会、等着你去撷取的国家。我总是跟我所遇到的那些刚起步想登顶的人说：‘你们真是非常幸运！’”

除了实话还是实话

多年以前，百老汇上演过一场剧（皇家亚历山大剧院可能也上演过），剧名叫作《真相至上》（*Nothing But the Truth*）。剧情可以概括为：一个人为了得到一大笔钱，于是同意在 24 小时内只说实话，完完全全的实话。

这看起来似乎很容易。在这场剧里，当然安排了很多事故来考验这个家伙不说谎的能力。而整场剧的重点是，要做到绝对的诚实和光明磊落、实话实说、行为正当，并不是那么容易。

尽管它可能很难做到，但在我的书里，如果你想攀登巅峰，它就是非常重要的。如果你不经意犯了错，如果你说了个谎，即使只是一个善意的小谎言，你也应该尽快将事情澄清，同时不再犯同样的错。本章我们已经触及几个关于诚实的重要原则。接下来要做的就是下定决心遵守它们，同时假设你就是剧里的那个人。诚实很可能就像一件紧身衣，紧紧制约着你的言行。

放弃者永败

每天我们在报纸上都可以看到有人宣告破产了。在你所认识的人当中，可能有些人就曾经如此。而他们之所以落得这样的下场，多半可能是因为情况变得不堪承受。比如，市场衰退、过度扩张、大笔应收款项未能收回、现金周转不良等，都是他们弃甲的理由。

这是商场上赤裸裸的现实，而宣告破产也不是什么不光彩的事。事实上，它往往是重新出发的第一步。然而，在这一章里我们所要谈的跟财务上的破产一点儿关系也没有，我要告诉你的是：**如何避免让"自己"破产**——如何避免无路通往成功之地，同时避免登顶失败的命运。

当你朝成功之路迈进但受到阻碍时，你若就此放弃努力，你就会发现自己已失去追求成功的动力。但如果你始终不放弃，你就会继续保持前进的动力。而你的坚持是有代价的。保持最佳状况，可避免轻易弃甲。同时，也不要让任何其他人代你承受失败。

你们都知道，有时候在一局拳击比赛里，甚至在某一秒内，即使拳击手仍奋力想站起来再战，教练也仍会将毛巾丢进场中，阻止赛事的进行。不错，这全然是教练个人的判断，但谁真正知道这个拳击手在深受重创后是否想退出比赛？**在你攀登巅峰的路途上，一定会有很多时候遭到重创，当它发生时，绝不要轻言退出。**你应该对自己许下这样的诺言，同时也不要让别人为你做出这样的决定。一旦你碰上麻烦了，就改变你的战略。一个拳击手会选择离对手远一点，并且在周围跳圈，等待另一个近身上前的好机会。

要知道，除了是一个销售员、演说家及作家外，我还是个拳击手。当我还很年轻时，我常去参加拳击比赛——金手套（Golden Gloves）赛。事实上，我曾经在底特律参加过金手套赛的巡回比赛。金手套赛是像一路登上世界重量级拳王宝座的乔·路易斯（Joe Louis）那样的选手的进阶比赛。那时候，我深受教练及拳击倡导人的影响。他们常说：**“退出比赛的人永远不会获胜，而胜利者永不放弃。”**于是我决定拿它来当作我的人生哲学，因为它非常真实，而且非常有道理。

若一个长跑选手在到达终点以前就退出比赛，那么和没有参赛无异。坚持才能赢得比赛。空军轰炸机的飞行员知道，在战争中，他们肩负使命。如果基于某种理由，他们未能击中指定的目标，他们就必须持续轰炸，直到命中目标为止。因为他们深知，几乎命中比差个1英里好不到哪里去，二者同样是无效的攻击，所以他们会坚持下去，尽量达成目标。

同样，成功有时候也是被逼出来的。我想大多数人都会承认，他们之所以成功，是因为他们坚韧不拔，不断追求成功。事实上，坚韧不拔便是成功的保证。

五天之内地狱变天堂

有一个人在 14 岁时便几乎放弃了生命，但 1 年之后却开创了一项令世人刮目相看的事业。当你与他面对面坐着时，你会大为惊讶：他现在已经 70 多岁了，但看起来只有 50 多岁。而一身上下比他肩膀还宽的，就是他那友善的微笑了。他的胸膛依然宽阔，他的腹部依然平坦坚实，他的肌肉使他的衬衫鼓胀起来。他被世人称为“健身之父”(Father of Physical Fitness)。

他到世界各地旅行、发表演说，并曾在国会侃侃而谈，警告说为了我们国民的健康着想，有些事情是刻不容缓的。他是极度认真的。他就是杰克·拉兰纳（Jack LaLanne)。

杰克跟我是多年的好朋友，我们曾经联袂出席演讲，但我从未谈论过他的事迹。他一向都是报纸杂志报道的主题，曾经得到许多荣誉奖章，其中包括总统健身大会的年度银质奖章（President's Council of Physical Fitness Silver Anniversary Award)。而在他的健身房和住处的墙上，挂满了他与全球重量级人物的合影。同时，他还出版了 6 本有关健康的畅销书。

就他攀登巅峰的过程而言，他在我的书中当然称得上第一号的人物。他的成就简直就是一个传奇。他曾经身负包括两个氧气筒在内、重达 140 磅的装备，潜游过旧金山金门大桥（Golden Gate Bridge），这是一项世界纪录。

在美国独立 200 周年的时候，为了庆祝开国的精神，他戴着手铐脚镣，拖着象征殖民地时期 13 个州的 13 条船，而这些船上总共坐了 76 个人，在加利福尼亚州长滩（Long Beach）的港湾中，游了 1 英里之远。之后，他再度戴着手铐脚镣，身陷巨大的浪涛和强劲的水流中，由长滩港湾的皇后大道大桥（Queen's Way Bridge）游到 1 英里外的“玛丽皇后号”（Queen Mary）。这次他拖着载了 70 个人的 70 艘船——真是令人叹为观止的技艺。

他曾经在不到 80 分钟内拉了 1 000 次单杠，做了 1 000 个俯卧撑，真是令人敬畏。但这些还只是杰克·拉兰纳诸多成就中的少数几个，现在他更是一位备受尊重的商人——事实上，他一个人开创了一个事业王国。

这一切是怎么开始的？杰克告诉我，他从上幼儿园开始，直到十多岁为止，一直都嗜好甜食，只要有甜食，他就会听话。他受不了甜食的诱惑，而大人们也惯用甜食来奖赏他。结果，他到了 14 岁就因此而得病，体重严重不达标，比标准体重少 50 磅，以致无法参与各种运动，还留级了。同时，由于无法控制自己的脾气，他成了学校里的麻烦制造者。遭到严重挫折的他，甚至想到自杀，于是只得休学。他在学校受欢迎吗？那些女孩子甚至看都不看他一眼。

之后，他在 15 岁时参加了一个健康讲习会，在那里他学到了一个简单的真理。他说：“我发现，如果我能遵守大自然的法则，那么我可以在实质上得到重生。”这一法则是什么？简而言之，它就是：“多多运动，同时留意你吃的东西。”

拉兰纳开始行动。然而他并不期望因此而成为美国先生（Mr. America）。相反，他说：“主啊，请赐予我意志力，远离那些会毁损我健康的食物。结果，我的祷告得到了主的眷顾，而我也获得了实质上的重生。”自此之后，他就将那些无益身体的食物打入冷宫，同时也不再抑郁终日，取而代之的是有规律的运动。结果杰克的生活习惯和态度不到一个星期就有了 180 度的大转变。正如他自己所说的：“在 5 天之内就由地狱回到了天堂。”

他再度回到学校，完成了学业。在 15 岁的时候，他加入了基督教青年会，主要是想利用它的游泳池，通过练习成为一名专业的游泳选手。除此之外，他还在自家的后院建了一个健身房，里面有举重器材、单杠、攀爬的绳索等。他也开始吃正确的食物，比如全谷类、未经加工的、天然的食物，而且成了一个素食者。

他一直渴望有强健的体魄，同时希望成为一名运动健将。结果，杰克终于当上了高中足球队队长并成为冠军摔跤选手。为了攀登巅峰，他还买了《格氏解剖学》（*Gray's Anatomy*），以学习人类身体的奥妙以及运作。

那时候，杰克和其他一些人在他后院的健身房里一起锻炼身体，这些人包括一些想变得更矫健的警察。每当杰克发明了新运动器材，他们就是他用来试验的“小白鼠”。他不仅可以让一个胖子减去身上的肥油，而且可以让一个瘦皮猴身上长出肉来。你可能以为，大多数人会觉得杰克的工作相当值得赞赏，但其实不然，因为当时他运动和饮食的方式异于常人，有些人还认为他是个疯子；对某些人而言，他更是成了一个笑柄。处在那种情况下，意志力薄弱的人可能就会退出这场比赛了，但杰克·拉兰纳绝不，因为他知道放弃比赛的人是永远不会获胜的。

后来，他到了好莱坞，在一些影片中参加演出。带着他在影城所赚的钱，他又回到了加利福尼亚州的奥克兰，在 1936 年开设了美国第一家现代化的健康温泉浴场。他以浴场的会员资格，换取别人为他的浴场粉刷、铺砖以及为他所发明的举重和运动器材铸型等。他发明的器材包括第一部滑轮机、第一部重量选择器、第一部腿部伸展机等，不胜枚举。其中很多甚至奠定了当今制造运动器材的基本观念。

现在我们可以看到，这第一家温泉浴场在全美各地已发展出将近 100 家加盟店，它们都冠着他的名字。虽然如此，但他的成功故事却是在报纸的嘲笑、医学界的质疑甚至运动教练的打击声中开始的。杰克的坚持不懈引发了美国人民对于健康以及身材的日益重视，我们也可见到一些偶像，例如简·方达（Jane Fonda）、理查德·西蒙斯（Richard Simmons）和阿诺德·施瓦辛格（Arnold Schwartzenegger）等代言人的出现，已使得上百万名美国人将运动视为每日的必办事项。

可是，在这第一家现代化健康温泉浴场运营的初期，拉兰纳却发现他即将面临破产，因为上门的客人简直少得可怜。有一天他为客人按摩时，他突然想到，如果人们不来找他，他就去找人们。于是他开始拜访这个地区的高中，直接跟学校里的年轻人谈。最初那些学生都嘲笑他（他们的教练已经警告他们，向拉兰纳学习会断送他们的运动生涯），但他毫不气馁。他会跟一个肥胖的学生说：“你想不想甩掉那些赘肉，恢复苗条的身材?”他可能会找一个瘦小的学生，问他：“你想不想身上有 40 磅的肌肉，成为足球队的一员?”这些说法确实打动了他们的心，对每一个回答他的问题、想要改变现有外观的人，他都会跟他们说：“给我你的名字、地址还有电话号码。”

到了晚上，他会在他们父母的同意下，到这些小孩的家中拜访。他不断进行类似的家庭访问，最后终于有 50 个小孩加入他的温泉浴场。在那里，有些小孩的体重减轻了，而每个人都多了几块肌肉，同时他还允诺如果没有效果，他会加倍退还他们所缴的钱。

很快，那些学生的老爸们来了，他们想重拾他们年轻时的平坦小腹。稍后他们的妻子们也来了，她们也想让自己的身材变得更好。好些老爸、老妈都说：“不要告诉别人我来过。”但还是一传十，十传百。结果，**原先的嗤之以鼻变成了喝彩，而这喝彩自此就未曾停过**。伴随而来的是人们在电视上的现身说法，以及一个持续了 34 年之久的电视健身节目。所有这些节目都清楚地传达了一个信息，那就是：正确的饮食，规律的运动，并且无论什么年龄都可以重塑身体的信念。

你知道我常问这个问题：“在你攀登巅峰的路上，什么是你的动力?”对此杰克的回答是：“我希望健康，并且成为运动员，同时我也希望每个男人女人、大人小孩都健康、健美。”而他曾经面临的挑战是什么？是曾经打扁他的小孩吗？是人们对他的嘲弄和质疑吗？是想报复、“做给他们看”的欲望吗？他的答案很简单：“没有人给我挑战，我是挑战我自己。”

杰克·拉兰纳追求成功的方法是值得所有想攀登巅峰的人效法的：

(1) 下定决心要成为顶尖人物；

(2) 不断自我挑战，以达到这个目标；

(3) 在攀登过程中遭遇挫折也绝不退却；

(4) 将自己的能力发挥到极致。

杰克正是将自己和他的体能发挥到了极致。他一周训练 7 天，每 2 个星期就变换训练项目。他每天花 1～1.5 个小时在重量训练上，同时花上 1 个小时在傍山的一个水池里做游泳训练。这么做的结果，是他赚得了名与利。但比财富更重要的是，他还享有傲人的健康以及令人羡慕的体格。

前面我曾经提到杰克取得了许多惊人的成就，但我把这个放到最后才说。我想大家都听说了，要从恶魔岛监狱逃脱，是不可能的事。但杰克在 40 岁的时候，戴着手铐游过环绕恶魔岛的危险水域，到达旧金山的渔人码头（Fisherman's Wharf）。20 年后，当他 60 岁的时候，他竟在手铐脚镣都上身，同时还拖着一艘 0.5 吨重船的情况下，再度完成了相同的壮举。我曾经问过他为什么要费这么大的工夫做这些事。他给我的答案跟给记者的一样。他淘气地笑着说：“为了给那些犯人一些希望。”

杰克·拉兰纳的成就以及他给自己的挑战，相信能为所有想要攀登巅峰的人带来希望。对我而言，他永远都会是激励我的力量。

第 16 章

给信心一个机会

曾经看过我的书、听过我演讲的人，一定都知道我对信心是相当重视的。在我的书和演讲中，我曾经提及宗教信仰。每个人都有自己的信仰，而且会以自己的方式去追求所信奉的真理。而我相信，你们之中有许多人在追求事业上的成功或是人际关系的和谐时，都会依赖宗教信仰。

然而，我也写过并谈过“对自己有信心”（faith in yourself），它是你在攀登巅峰的过程中一位坚强的盟友。这是对自己所追求的目标的一种信心，即相信它们是正确的、最佳的，并且是值得你尽最大的努力去争取的。它也可以是你对别人的信心，而最重要的是你对未来的信心。**信心是你在生活中、事业上以及为获得成功所采取的一切行动上的乐观积极的因子，而更重要的，它是保持成功的乐观积极的因子。**

想想信心在我身上所产生的效果。我的母亲终其一生都在运用信心和乐观的力量。我相信她一定可以被当作诺曼·文森特·皮尔博士所写的《积极思考就是力量》一书中的最佳典范。直到现在，我耳边还会响起我的母亲所说的："乔，我对你有信心，相信你一定会在你所选择的领域中有所成就的。你也一定要对自己有信心。"

我母亲将她对我的信心传给了我，而我的整个人生也一直受到它的引导。同样，我也试图把这个信心再传给别人。俗话说得好："给得越多，得到的也越多。"当你寻求成功所需要的信心时，不妨试着这么做。

关于信心，人们所写所谈的已经很多了，你可能已经对它们相当熟悉。譬如，有人说信心可以移山。当然我们都知道，它指的并不是信心可以移动落基山或者阿尔卑斯山，而是信心的确可以移走自我怀疑、沮丧、挫折、悲观等有碍成功的"大山"。有人说信心是得到所追求的事物的保证，而我的说法是，我相信希望、祈愿、期待是绝不会为你带来任何实质效果的。你可能会说："我好希望今天不会下雨。"这个想法固然不错，但你的希望一点儿也不会影响天气的变化。今天可能下雨，也可能不下雨，但它和你的希望一点关系也没有。光是希望，绝不会使你向目标前进半步。然而，我相信**信心是对一切有计划、实际、明智地设定的目标或事物的保证**。希望不会改变天气，但若是你无论天气好坏，都在事前加以规划，就可以保证在任何天气状况下都有万全的准备。因此，把你的信心放在计划上，而不是希望上，只有这种信心才能带领你迈向成功的巅峰。

对人性的信心

在一场有关企业管理的讨论会上，一位与会学生问道：“**从日常经营的角度来看，什么行业最难经营？**”结果得到的答案包罗万象。

一位与会人士说：“餐厅或咖啡店，无论规模大还是小，都一样困难，因为店家或厨师绝不知道每天会有多少用餐的人，他们会点些什么菜。有些菜可能某天供不应求，但隔天却无人问津。因此，除非餐厅只供应一种食物，譬如比萨，或者少数几种菜品，否则这家店可以说每天都要看不同食客的脸色过日子。”

另一位说：“最难的是杂货店，无论是家庭式的小店，还是超级市场皆如此，因为它的利润非常微薄，却还要面临生鲜食物卖不出去而腐败的风险。此外，员工监守自盗和客户顺手牵羊，更是常有的事。”

第三位说：“我投独立经营的加油站一票，因为它要面对不时爆发的石油价格战，以及中东产油国给石油市场带来的变数。除此之外，午夜的抢劫事件更是令人不寒而栗。”

第四位与会人士沉默了好一会儿，接着说道：“医院。经营一家医院，尤其是小型医院，或者大型诊所都是一项高风险的事业。技术高超的医生未必是精明的生意人，而医院的经营又建立在一个接一个的灾祸的基础上，紧急状况通常是常态而非例外。”

我个人比较赞成最后一位的看法。当有人提起医院时，我通常会想到马约医学中心（Mayo Clinic），但这次我心里所想的是别的事。我认为一家医院，无论是仅有几张床位的小型社区医院，还是大如马约医学中心，从各方面来说都是一种生意。它最好能够创造盈余，否则就只好关门大吉。在大多数国家中，医院的经营受到政府相当严苛的管制，与一般制造业并无二致。它的营业时间长，压力也很大。

讲到压力，我想没有一家医院所承受的压力会比艾伯特·施魏策尔（Albert Schweitzer）当年在非洲开设的那个小医院来得大了。而正是由于施魏策尔对他人、对人类抱有坚定不移的巨大信心，当然对自己也抱有强烈信心，才使得那家医院的业务兴盛，持续至今。

我曾经写过许多企业成功人士仅靠一个梦想发迹的成功事例。他们有些出身赤贫，但他们心中始终有着永不熄灭的火种。然而，光有火种不足以照亮他们的人生，他们还有信心，他们相信奇迹。

这本书和我其他的书，就是奇迹下的产物。

洛厄尔·托马斯的奇迹

如果你开车沿着底特律的中央大道往东走，你就会看到一幢挂有一块巨大招牌的建筑物，它里面多年来一直住着一群在通用汽车公司携手奋斗的人。那块招牌上写着：“奇迹带来信心。”这立意很好，但我还是喜欢把它倒过来说：**“信心来自奇迹。”**

我曾经不止一次提到过，当我施展信心时，它是如何带领我度过我人生初期那段不得志的岁月的。当我跌倒、伤得不知如何是好的时候，它支持我；当我一步步朝着成功的高峰迈进时，它奖赏我。既然信心能在过去和现在对我发挥如此大的效用，它对你就一定也会有用。

我曾经提过洛厄尔·托马斯。大概无须我多做介绍，因为他知名度很高，多年来他主持的一个新闻广播节目的听众横跨美国东西两岸。除此之外，他还是一个冒险家、作家以及发明家。洛厄尔是第一个介绍“这是全景电影”（This is Cinerama）的人，它是通过 3 部放映机同时放映在大弧形的银幕上，以产生活动的全景效果。当观众以令人炫目的速度由过山车上尖声滑下或由放映机带领进入巴黎圣母院（Notre Damc Cathedral in Paris）时，他们完全被眼前的景象震慑住了。洛厄尔·托马斯也是在他所著的《阿拉伯的劳伦斯》（*With Lawrence in Arabia*）一书中，为 T. E. 劳伦斯（T. E. Lawrence）提供第一手报道的人。这是人们第一次认识劳伦斯这个人，这位身兼英国军人和英国情报员双重身份的人。他在第一次世界大战期间在中东地区所取得的军事成就，一直令世人深深迷惑。

洛厄尔·托马斯所成就的事业非常可观，所以当托马斯在我的一场演讲后对我说“乔，你一定要出书”时，你可以想象，我的感受有多么强烈。

当时我的回答是：“我想我做不到。”

“乔，我对你有信心。”在这里我们又看到了“信心”这两个字。于是他介绍我跟出版界人士认识，而人性的奇迹在此显现出来了：他让我对自己有了信心。他为我开辟了一条道路，而我则开始了我的写作生涯，其后更是到世界各地发表演说。我对于他的回忆始终萦绕不去，就如同记得他在他所主持的广播节目结束时，以愉悦的声调向听众告别："我们明天见。"

对我而言，洛厄尔·托马斯使得奇迹发生了。并非每个人都像我一样幸运，能够遇到一位洛厄尔·托马斯亲口向我表达他对我的信心。那么，洛厄尔·托马斯曾经对我所做的，就让我为你做吧！让我告诉你，我对你有信心，如果我不是这么认为，我就绝不会对你这样说，就像说"你是第一"时，我心里确实就是这么认为的。

信心带来成就

你知道克里斯托弗·哥伦布之所以能够不顾海上的惊涛骇浪，坚持前进，就是因为他对他的任务有信心。而乔治·华盛顿也正是基于对自由这个目标的坚定信念，才能够挨过在福吉谷（Valley Forge）的那些饥寒交迫的日子。同样，在第二次世界大战那段最黑暗的日子里，带给温斯顿·丘吉尔力量的正是他对英国人民坚持奋战的精神的信心。除此之外，**在各行各业的成功人士的奋斗历程中，我们都可以见到信心为他们带来了莫大的力量**，帮助他们渡过了其间的颠簸困顿。信心帮助了像理查德·德沃斯、杰克·拉兰纳、戴尔·卡内基及唐·托科这样的人，也帮助了缪丽尔·西伯特、凯·布里顿和朱迪思·布莱尔斯实现成功。诚然，许多人之所以攀登高峰，是由于种种不同的原因，但无论如何，信心都是不可或缺的要素，能激励他们不断向前，接受各种挑战。

三个重要的问题

正因为我相信信心的力量是无止境的，所以我一直认为，每个人都可以改弦易辙，追求人生的另一个高峰，一个不逊于你先前在事业或者专业领域里曾经达到的高峰。现在就有一个非常成功的企业家，他会直视你的眼睛然后告诉你："我的幸福之杯满溢。"不过，他这么说不一定是指金钱方面的满足，他所说的其实是他在自问了 3 个问题之后所得到的结果。他的名字就是迈克尔·蒂姆斯（Michael Timmis）。

他会这样告诉你："我曾经拥有俗世最美好的事物，一切物质上的享受，但我却依然觉得一无所有，心灵一片空虚，毫不满足。"蒂姆斯是多元化经营、年营业额高达数十亿美元的泰龙集团（Talon Group）的副董事长，该集团旗下拥有为数不少的公司和生产线，包括：制造、自动化、金属及橡胶产品、包装、精密农业机具、建筑公司、不动产开发以及其他产业。它雇用的员工人数超过 6 000 人，包括男人女人、青年、少数民族、残障人士，他们在这个工作环境里都备受重视并且工作愉快，因为蒂姆斯和他的合伙人制定了良好的经营与管理策略。

除此之外，蒂姆斯还是 F&M 公司的副董事长，F&M 这个名字取自它的创始人弗雷德（Fred）和玛吉·科恩（Marge Cohen）名字的首字母。蒂姆斯和他的合伙人在 F&M 还只是一家商店的时候就买下了它，随后将它扩充为一个遍布全美、为数超过百家的廉价杂货店连锁企业。它是美国三大连锁企业之一。蒂姆斯声称："它是 20 世纪 90 年代的代表性企业，事实上，在 21 世纪亦然。"

蒂姆斯提及："若是没有我的合伙人，我不可能在事业上获得如此大的成就。"而他长久以来的合伙人就是兰迪·阿格利（Randy Agley），兰迪先前是一位会计师。"我们一起做梦，一起奋斗，更一起通过不断并购建立起泰龙。我爱这个由我们建立的事业。""建立"是蒂姆斯常用的两个字。

由此可知，蒂姆斯的不满足并不在于他从白手起家到获得目前的地位，或者是他所获得的财富。当他仔细斟酌他不时自问的几个问题的答案后，他终于明白了他的不满足从何而来。"我相信每个人在不同的时间都会以不同的方式问自己 3 个问题：我为何存在于这个世界上？我打算做些什么？我要去往何处？当你不看事情的表面时，这些问题的答案其实是每个人必须面对的真正问题。"

对于第一个问题"我为何存在于这个世界上"，蒂姆斯发现，要找到真正的答案是需要时间的。他一出生就"存在于这个世界上"了。他是一个爱尔兰裔加拿大家庭里 5 个小孩中最小的一个，他的父母笃信教育就是一切。他们将自我肯定，尤其是对宗教的坚定信念深植于孩子心中。他说："他们让我了解到，身为上帝的子女，我之所以存在于这个世界上，就是为了协助解决周围世界所面临的问题，享受这个世界，以及将得自别人的再施与别人。"这个信念加上他对自己的信心，就是迈克尔·蒂姆斯在危难时刻的支柱。他自己就说过："终我一生，我始终对自己怀有无比的信心。"

他所生长的家庭并不富裕，又是个七口之家，因此在经济上，他的父母并不能给他们的子女富裕的生活。他的母亲是一个精神奕奕、4 英尺 11 英寸※ 高的小女人，她就是一般人提到"家庭价值"时会想到的那种人。他的父亲则是个高大粗壮的男人，过去曾是一名足球运动员，身上满是肌肉，在当时底特律还有电车的时候在底特律的电车部门工作。如果电车出了轨，蒂姆斯的父亲就会钻到电车的底部，用一根铁棒和他惊人的臂力，独自一人把电车推回轨道。而他的力量之大，还可以将一辆车由沟渠里拖出来。他的父亲活了 91 岁。

但蒂姆斯的母亲在他 15 岁的时候就过世了，而她的死对蒂姆斯而言是很沉重的打击。"我和我的母亲非常亲密，所以那是我一生中最黯淡的时期，但我因此而变得更坚强。"这个转变对他而言是很重要的，因为当时的他是一个身体羸弱的少年，甚至无法跟学校里其他男孩一样参加体育活动。

蒂姆斯回忆道："于是我开始阅读，我的人生因此有了重大的改变。我变成了一个求知欲非常强的人，**书籍为我开启了这个世界**。"他的求知欲加上他父母对教育的重要性的强烈肯定，使得他立志要上大学。无怪乎蒂姆斯会这么说："我的父母是对我一生影响最大的人，他们让我真正理解了我为什么会存在于这个世界上。"

※　4 英尺 11 英寸约等于 150cm。——编辑注

蒂姆斯问自己的第二个问题“我打算做些什么?”则带领他进入了法律领域。去大学的法学院学习是一条相当漫长、艰辛的道路。他辛苦工作，把钱一分一分地攒下来。“我做过所有你能想到的工作，我曾经在实验室做清洁工、给脚手架上油漆、晚间在药房工作、为盲人开车、担任其他学生的家教等。”结果他不仅赚得了学费，而且从工作经验中学到了许多。“我学到了如何尊重劳动者为工作所付出的心力，我开始懂得别人的需要和所受的苦楚。”

迈克尔·蒂姆斯将法律视为建造社会的基石，而不是一个与体制抗衡的代表。“法律应该是一种建设性的力量，而不是破坏性或负面的力量。”蒂姆斯把它跟一句常被引用的话，即“权力让人腐化，绝对的权力让人绝对的腐化”做了一番比较。他相信“**消极论调会让人腐化**”，同时带领人们往人生的黑暗面走去。而那绝不是蒂姆斯要待的地方。

当蒂姆斯和他的伙伴建立他们的多元化企业时，他们虽然花了好长的时间并且做了许多牺牲，却仍然面临一些往往被视为无法克服的难关。尽管如此，但他对自己以及自由企业体制的信心却不曾动摇过。他最近才因为他的卓越成就以及不时与大学生针对自由企业体制和作为他精神支柱的强烈信心举行座谈会，而获得国际大学生创业计划大赛（Students in Free Enterprise）所颁赠的传奇奖（Legend Award）。“在我攀登巅峰的过程中，我也曾经有过自我怀疑，但谁没有呢？然而，自我成人以来，我始终坚信我一定可以克服一切障碍。”而在克服障碍方面，他并不是孤军奋战，他的妻子时时都在他的身边。“长久以来，我的妻子一直是我力量的源泉。”当他的女儿 15 岁骤然夭折时，是他的信心面临最严酷的考验的时刻，也是他最需要妻子支持的时候。

“我总觉得我必须去做一些事，去完成一些事。”而他确实做到了。凭着他的坚韧不拔、辛勤工作、企业道德和信心，泰龙集团一天天成长壮大。在他一路攀上高峰后，得到了名誉、影响力和财富。

然而，尽管有了名和利，蒂姆斯仍然觉得不充实。他最后找到了第三个问题“我要去往何处?”的答案。他花时间去学习做他自己、安静下来，去找出自己生活的优先顺序。结果他得到的结论是：**真正成功的人，是那些对周围世界的关注远超过他们在商场上获得的一切权势的人。**

蒂姆斯于是借着将信仰上帝作为他的第一优先事项，开始了他的自我充实之旅，他相信这么做的结果将使他蜕变成一个完整且更自由、更坚强的人。他说：“**我终于明白我应该关怀的是这个世界，而不仅是我自己。**通过把我的时间、才能、资源贡献给这个世界，充实会自然涌现。”对于那些一心一意想出人头地的人来说，最好记住：一己的名与利，如果不能为他们带来自我充实的感觉，那么名利就没有任何意义。

蒂姆斯坚信，在这个世界上以及在都市里的大多数问题，都是源自人与人之间的疏离。他相信，那些由民族和文化的差异、不同的宗教信仰、贫穷、饥饿、疾病、轻视以及家庭价值的沦丧等所造成的问题，都可以通过调解和努力而慢慢消除。

迈克尔·蒂姆斯一直在朝着这个目标前进，他宣告："我们需要的是人们的团结而不是分化。大家如果能够基于共同的理念而努力，那么一定能够获得很大的成果。能够解决我们的问题的，唯有我们自己。为了改变现状，并不需要一大堆人去造出一个具体的东西来，而我自愿作为各方调解的中介。"他相信，这样一个中介能够使山为之移动。**信心足以移山**，我吉拉德要面对的挑战就是："放手去做，把山移走！"

空有信心而不行动

先前我提到了"光说不练的人"，现在我要再谈谈另一种人，即空有信心而不去行动（all faith and no action）的人。有信心却不行动，是不能成就什么的。《圣经》上就说，**信心如不付诸行动，无异于没有信心**，这是千古不变的真理。因此，如果你对自己有信心，相信自己一定可以成为自己想要成为的人，那么就付诸行动吧。

我很喜欢一个有关某个遭受干旱侵袭的村庄的故事。那个地方已经好几个月没下过一滴雨，土地干裂，表面的土都被风吹走了，农作物枯萎，牲畜也都奄奄一息。于是这个地区一家小教堂的执事就在某个礼拜天就对村民说："让我们这个星期都来祷告，祈求上天降雨。因着你对上帝的信心，雨必会降临这个村庄。"但干旱仍然继续着。到了下一个礼拜天，这名执事就问来做礼拜的人："你们有没有祈雨？"所有的人都高声回答"有"。"你们有没有信心，老天爷一定会下雨?”大家都说:“有，当然有啊!”这名执事就笑了，他说:“我不相信，如果你们有信心的话，你们应该带着你们的雨伞来了。”事实上，没有一个人是带着雨伞来的。这个故事讥讽的就是空有信心，却没有行动的人。

说到雨，没有任何人在采取行动上要比诺亚（Noah）和他的家人来得更彻底了。值得注意的是，就像有人曾经说过的，**当诺亚开始建造方舟时，天空根本还没有开始下雨**。

第 17 章

雄心勃勃，严于律己

如果你想成功，那么有追求卓越的雄心是极其重要的。不论你所追求的是事业上的成功，还是其他方面的成就，雄心都是你的动力。而我个人喜欢把雄心称为使引擎发动的火星。

而**如果你想要自己的雄心获得回报，你就必须严于律己**。换句话说，要想让你的雄心实现，你就必须善于运用意志力。但一般人的毛病是：他们惯常运用惮于尝试的“反意志力”（won't power），而不是勇于尝试的意志力（will power）。事实上，**“反意志力”的存在就像在雄心的背后捅上一刀**。尽管如此，但我会告诉你如何运用这种“反意志力”，并且将它转为对你有利。

在我生命中有一段时间，我很不幸地几乎让“反意志力”占据了我的整个生活。那是因为我的父亲不断地对我说“不会”（won't）这个字眼，比如：“乔，你不会成就任何事。”“你做不到的。”“这辈子你休想出人头地。”听到这些话，我必须咬着牙反击：“我会的，我会

的，我会的。”于是“我会”成了点燃我雄心的导火线。

在生活中，我常在想，为什么有这么多人在经历一些重大挫折后都没有运用他们的意志力。关于这一点，我相信心理学家可以提出好些理由。我虽然不是心理学家，但我个人相信，对许多人而言，运用意志力简直太费力气了。没错，它当然需要花费很大的工夫，它需要你坚韧不拔。

想想那些你认识的曾经想戒烟的人（搞不好就是你自己）。他们可能会说：“噢，我会戒烟的，没有问题，我已经戒了好几次了。”然后，只见他们依然在吞云吐雾。那些香烟盒上和广告里的警告标语，对他们都发挥不了任何作用。当我还是一个生活在底特律贫民区的小孩时，香烟被称为棺材上的钉子，但这并不足以说服青少年远离香烟。然而我深信，只要运用意志力，无论在什么年纪都可以戒除烟瘾，酒瘾也一样。总归一句，你必须要有戒除的雄心。

再举一个例子，在你所认识的人（甚至就是你自己）里面，有多少人决心节食，但没过多久就放弃了？他们一下子兴致勃勃，决心要使自己瘦下来，但热度很快便冷却下来。过了一段时间，他们又开始信誓旦旦地下决心。我自己就是一个很好的实例。减肥需要靠意志力去控制饮食以及持续运动，而想要除掉身上的赘肉的雄心，便是一切行动的导火线，但要让火苗持续燃烧，就必须严于律己。

在我攀登巅峰的过程中，我学会了以一种积极而非消极的态度运用“反意志力”，也就是将意志力的反面用在有利的方向，同时让它为我所用。要有雄心！要坚忍不拔！要让意志力真正为你所役使，必须先自律，而当你利用吉拉德所教的技巧去建立这种自律时，不妨好好运用这些字眼。

我每天一开始便对自己说：

- 当我一步步力争上游时，我绝不放弃；
- 我不会让任何障碍阻挡我的去路，我会把它们一一踢走；
- 我不会让别人动摇我的斗志；
- 我不会把今天应该办的事留到明天；
- 一旦做了我认为应该做的事，我就不会半途而废。

借着以这种方式运用“反意志力”，你会惊讶于它所带来的结果。你会驱使自己智慧地工作，也会发现自己开始善用时间。你会坚持自我制约，日复一日，也会持续保持勃勃雄心。你会严于律己。

点燃雄心

每当有人对我提起“大个儿”（big boy）这个词时，我脑海里立即会浮现一个矮胖、穿着格子吊带裤的家伙的身影，他正是著名的大个儿双层汉堡的标志。我想这个影像应该适用于这个国家里的每一个人。但你我却可能不会马上联想到那家大个儿国际（Big Boy International）公司，对弗雷德、路易斯和约翰·伊莱亚斯三兄弟的成功故事也可能不甚熟悉，他们仅仅凭着一笔借来的钱和勃勃雄心，一手将大个儿国际公司发展成一家全球性家族大型连锁餐厅之一，年营业额将近 10 亿美元。

伊莱亚斯兄弟的父母约翰及珍妮·伊莱亚斯，是由黎巴嫩来到美国的移民，他们怀抱着只要辛勤工作就遍地都是黄金的美国梦，以及深信只要家人一起努力即可使美梦成真的信念。

伊莱亚斯兄弟就像故事里不时高呼“人人为我，我为人人”的三剑客。弗雷德、路易斯和约翰也一直对这样的人生哲学奉行不渝。在他们攀登巅峰的路上，每一个重大决定都得他们三个人一致同意才行。他们三兄弟行动一致，就跟同一个人一样。弗雷德·伊莱亚斯就常说：“我知道外人一定很难相信，我们三个人对于重大的决定都能取得共识，但这确实是我们经营事业的方式。”

伊莱亚斯一家最先定居在马萨诸塞州，这三兄弟还有两个姊妹就是在那里出生的。弗雷德是三兄弟里最大的，接下来依次是路易斯和约翰。20 世纪 30 年代初，一家人迁到密歇根州的底特律市，在那里，他们最小的妹妹也出生了。这个 8 口之家的生活非常贫困，又正好碰上大萧条的不景气时期，弗雷德只得辍学出去工作以补贴家用。

那时他的叔父经营一家面包店，给了他一份运送烘烤食物到邻近餐厅的工作。他每天工作很长的时间，一周工作 7 天。不久后，他的弟弟们也一个个加入他的工作行列。他们都坚信工作伦理，而雄心无疑是促使他们不断向前的动力。从他们父亲的身上，他们学到了在买卖时童叟无欺的美德。他们的父亲还教导他们，通过辛勤的工作和勃勃雄心，他们绝对可以掌控自己的命运。而他们的命运，就是拥有自己的事业。

再一次地，我喜欢把辛勤工作想成做事聪明，而这正可以凸显他们的努力：聪明地工作以实现他们的雄心。除此之外，还有始终不减的热情。1937年，弗雷德在一家餐厅谋得了一个经理职位，这家餐厅的生意让他觉得趣味盎然。而这种情绪是有传染性的，接着路易斯和约翰被哥哥这种“自己做”的热切想法感染。于是，他们在1938年开始了创造自己命运的旅程，当年这三兄弟开设了一家以大哥之名命名的弗雷德小吃店（Fred's Chili Bowl），这是他们毫不起眼的第一步。小吃店开张的第一天，他们赚进了17美元。

在第二次世界大战前和战争期间，较小的两个兄弟参军了，路易斯在海军服役，约翰则在海军航空队服役。路易斯于1941年退役，到弗雷德的小吃店帮忙。小吃店的生意愈做愈好。这时弗雷德和路易斯对餐馆生意的热情依然保持在高峰，于是他们以家当作抵押，借了一笔钱，开了一家小餐馆，称作迪克西速食店（Dixie Drive-In），里面供应手绞的纯牛肉汉堡。跟往常一样，同时也是根植于旧世界的传统，伊莱亚斯一家人都加入了。老妈负责调制迪克西速食店里广受欢迎的辣酱，老爸负责调制沙司，三姐妹在柜台工作，而弗雷德和路易斯则忙于招呼客人。

到了1945年，大战结束了，小弟约翰也回来了，他来到了兄长的店里工作。接着，伊莱亚斯兄弟开了第二家餐馆，还是叫作迪克西速食店，而它也成了美国中西部提供车边送食的餐馆的先驱之一。再一次地，它又成为全家人参与的事业。伊莱亚斯一家人煮的煮、送的送，忙得不亦乐乎。到了1952年，已经有4家生意兴隆的迪克西速食店了。

然而，由于一些不可预知的事情，他们的命运有了相当大的改变，而 1948 年就是关键的一年。当时在加利福尼亚州格伦代尔有个他们不认识，同样也是白手起家的人叫鲍勃·瓦恩（Bob Wian），他买下了一家小餐馆，取名为鲍勃餐馆（Bob's Pantry）。这家餐馆为那些汉堡族推出了一种新口味的汉堡。瓦恩率先推出了双层汉堡来吸引当时年轻的一代，这是一种足够成为一餐并以一种特殊调酱为特色的餐点。于是一幅画着一个年轻、圆胖、卷发、正在狼吞虎咽的少年的图片，便成为这种双层汉堡的标志。最初瓦恩称之为“胖家伙”（Fat Boy），但不久他就把它改名为“大个儿”，而鲍勃的大个儿连锁餐馆开始一家接一家地开。

1948 年，正当着手开办第三家迪克西速食店之际，弗雷德、路易斯和约翰这三兄弟参加了在伊利诺伊州芝加哥举办的美国国家餐馆协会（National Restaurant Association）的聚会。在那里他们第一次见到了鲍勃·瓦恩，并且深深为他所折服，于是与他建立了一段改变他们命运的友谊。这三兄弟得知瓦恩与他们有着相同的经营理念：绝对的清洁、高品质的食物以及服务至上。于是他们造访了瓦恩在加州的餐馆。

弗雷德如此叙述道：“鲍勃·瓦恩不像其他我们认识的餐饮业者，他对于员工非常照顾，他的员工能够享受公司付费的假期、完善的退休制度以及许许多多的津贴。”或许正是从他那儿得到的启示，伊莱亚斯兄弟一直与他们的员工相处得非常融洽，他们关心员工，时时与他们保持联络，尊重他们，直呼他们的名字，从未吝啬付出。

瓦恩给了这三兄弟在底特律贩售大个儿汉堡的特许权，而他们三个人再次做出了一致的决定：不只是在底特律，而是在整个密歇根州。他们做到了。于是原有的迪克西速食店全部更名为伊莱亚斯兄弟大个儿餐馆（Elias Brothers Big Boy Restaurant）。他们的第五家连锁店有着更宽敞的店面，提供更多样化的餐点，然而大个儿双层汉堡仍然是最受欢迎的食品。到了这时，这三兄弟清楚地知道，他们正在通往巅峰的路上。他们为自己所订立的目标是在 20 世纪 60 年代中期将连锁店的数量扩充到 100 家。这是不是过于好高骛远了？事实上，在 20 世纪 70 年代中期，他们已经拥有 200 多家连锁店了，其中有些是他们的加盟店。身为移民的儿子，伊莱亚斯兄弟正走在实现他们的美国梦的路上。

本书中所提及的成功故事，大多数是关于那些一步步迈向巅峰的人，但对于合伙人或者团体而言，这些原则一样适用。在许多情况下，真的是“三个臭皮匠，顶个诸葛亮”。那么想想看，这个三人团体当然能够把他们的事业推上巅峰。

“我为人人，人人为我！”伊莱亚斯兄弟凡事都为大局着想。举例来说，原先经营旅馆的马里奥特（Marriott）买下鲍勃·瓦恩的经销权，经营大个儿连锁店。但当马里奥特决定退出餐饮业时，伊莱亚斯兄弟就说：“让我们接手吧！”

他们真的接手了，什么也动摇不了他们的决心。他们所遵循的原则一如我在攀登巅峰时所做的：**心无旁骛，眼睛一心盯着目标。**

到了 1987 年，伊莱亚斯兄弟的餐馆得到了大个儿餐馆的全球经销权，成为第十大家族拥有的餐馆事业，在美国、加拿大、日本及沙特阿拉伯等地拥有超过 1 000 家餐馆，员工超过 17 000 人。而全球的经销商超过 20 家，还有公司拥有的餐厅，以及在各个体育馆、卖场等附设的店面。目前路易斯·伊莱亚斯担任董事会主席，而约翰和弗雷德已先后去世了。

从一家一日所得仅有 17 美元的小吃店到一家国际性公司，这一路上伊莱亚斯兄弟始终不忘赞助一些体育活动、慈善团体、社区活动以及公益活动，但私底下的他们谦逊而不张扬，过着朴实的生活。事实上，大个儿餐馆是第一家提供盲人菜单的餐厅。但你不需要借由这一点就可以知道，伊莱亚斯兄弟以他们不懈的努力、勃勃的雄心以及家人的团结，已经鼓舞了所有立志攀登巅峰的人。

传统美德

从伊莱亚斯兄弟的事迹中，我们可以清楚地看到，如何靠着雄心以及团队合作来实现共同的目标（我在本书第 6 章所提到的乔和芭芭拉·史卡利欧的故事，是另一个二人齐心共创美好未来的好例子）。伊莱亚斯兄弟非常自律，每当他们遇到困难时，他们总能够坚定地面对阻挠，并予以克服。他们有着求胜的坚定意志。

对他们而言，美国梦绝不只是一个梦，他们相信它终可成为事实，同时立志要实现它。他们也清楚地知道，要将一个梦想变成事实，需要智慧地努力，同时无论要花多少时间、要等待多久，都绝不放弃，直到成功来临。

我并不相信，那些我认识或遇到的人的成功经验，应该归功于移民国家的优良传统。因为许多成功事迹，是由那些距离他们移民至美国的祖先已有相当年代的新一代美国人所创造的。因此，工作伦理不是移民独有的特质。尽管如此，但攀登巅峰所需的许多特质，例如雄心、勤奋和坚韧不拔等，都是从那些遥远的异地被带进来的，却也是不争的事实。

第 18 章 力争上游

汤姆·莫纳汉（Tom Monaghan）是一名拳击手。跟他谈过之后，我觉得这一章的标题应该叫作“力争上游”。汤姆自己就说过：“对我而言，**生活和工作的本质，就在于不断地力争上游**。”

当我们共同谈论他早期的生活时，我很惊讶地发现，我们两人的童年及少年时期竟有那么多相似之处。和我一样，他的确知道一贫如洗的滋味。

和我一样，他尝过被人拒于千里之外的滋味，而且常常是被他深爱的人所拒。童年时他卖过报纸，我也卖过；他曾在保龄球馆做过摆球瓶的工作，我也做过。他从过去到现在对汽车一直有种莫名的热爱，这一点也和我一样。

在他还不到 10 岁时，他就到汽车经销商处找工作，他不要求薪水，只求能有机会接近汽车。而我，也曾经在汽车经销商处工作，除了要求对方在二楼无人的角落里给我一张桌子、一部电话和一本电话簿之外，别无他求。

他曾经是拳击手、运动员，而我也曾经打过拳，参加过金手套赛。

除此之外，他和我一样，是一个难缠的、精于在街上讨生活的小孩。

汤姆借着控制卡路里的摄取和定期的运动，来保持自己的体重。而我在杰克·拉兰纳的指导下，也力行控制饮食和经常运动的保健法则。

在宗教上，我们也有着相同的信仰。

说了半天，汤姆·莫纳汉到底是何许人物？他就是总部设在密歇根州安阿伯达美乐农庄的达美乐比萨（Domino's Pizza）的老板。今天，达美乐比萨已拥有超过 5 600 家分店，年营业额超过 25 亿美元。但汤姆在获得今日的地位之前，却曾经有过一段非常艰辛的奋斗历程。

被踢来踢去的小孩

汤姆·莫纳汉于 1937 年出生在一个贫穷的家庭，他 4 岁时父亲就去世了，这不仅在精神上给他造成了相当大的打击，而且在物质上也使得他们兄弟的生活陷入了困境。

当时他母亲赚的薪资非常微薄，而她所有的，仅是孩子父亲留下来的为数不多的死亡保险金，她就用这笔保险金偿还他们住的那间小房子的抵押贷款。她很想再回到学校，通过学习成为一名有执照的正式护士，但有两个小孩在身边，尤其是其中的汤姆还这么好动、对事物充满好奇心，她感到力不从心。于是，她便将汤姆两兄弟放在寄养家庭，结果他们不断由一个寄养家庭换到另一个寄养家庭，在有的寄养家庭甚至只能待上几个星期。

汤姆在捉弄人和恶作剧方面很有一套，但这种才能往往不为大人们所欣赏。当他上小学一年级时，汤姆两兄弟被送进了孤儿院。他那时就非常喜欢这幢由一座维多利亚大宅院改造而成的孤儿院建筑，而他这种对建筑的热爱终其一生都未改变。但他对于这所孤儿院的好感仅止于建筑物。他曾告诉我："我像是被关在监狱里的犯人，我只想出去，一刻也不愿待在里面。我渴望跟别的小孩一样，有爱他的爸爸妈妈，过着正常的生活。"

他显然很不喜欢所处的环境，但他知道在那个时候，他根本无法掌握自己的命运。他注定要待在孤儿院里，这个命运代表着生活里必然要有一大堆的戒律和工作。孤儿院里的每个小孩都被分派了好些工作，汤姆的工作是割草、擦地板、洗衣服和清洁楼梯的扶手。"我那时就想，有一天我会长大成人，我也会成为一个非常成功的人物。我似乎一直对自己很有信心。"

到了 12 岁时，他脱离了孤儿院的生活，他们两兄弟跟着母亲住在密歇根州西北角的一个半岛上。"那段日子是我一生中最快乐的时光，我由一个'监狱'换到了一个自由自在的天地。"

但即使在那段日子里，他们也不能摆脱贫穷的阴影，一家人依然生活拮据。他回忆说："我们住在一间很小很破的房子里，我没有多少衣服，同时我也开始意识到，贫穷是怎么一回事。我注意到别的小孩拥有很多东西，而这些东西我也想拥有。"于是他开始努力找工作。"我挨家挨户问有没有合适的工作可以做。我卖过报纸、铲过雪、采过樱桃、到密歇根湖抓过鱼来卖、沿街卖过冰、当过侍应生，而且我还做过摆设保龄球瓶的工作。事实上，我摆设保龄球瓶的功夫还真不错，我一次可以负责 4 个球道。"

汤姆孩童时候的工作经验，让我回忆起自己的经验。汤姆不曾做过擦鞋的工作，但我做过。同时我还为我的擦鞋工作设计了一个促销策略，而我相信像汤姆这样一个热衷于促销策略的人，一定会对我的促销策略大为赞赏的。我是这么做的：我把我的鞋箱放在一个需要擦鞋的人前面，然后对他说："这次擦鞋免费。"然后我就把一只鞋擦亮，擦亮后我就作势要走。这时客人一定会说："等一下，我记得你说这次擦鞋是免费的。"而我的回答是："老实跟你说，我是免费帮你擦一只鞋，但如果要擦另一只鞋，要花一角钱。"

出了孤儿院的汤姆，距离他成为今天比萨外卖王国的商业巨头，还有好长一段距离。他力争上游的历程才刚刚开始。汤姆说道："我不知道是不是因为出身贫穷，我一直渴望拥有最好的东西。或许这是因为我在学校时，常成为其他学生取笑的对象。那时的我衣衫褴褛，身上的衣服总是不合身，一些年龄较大的孩子便常捉弄我。因为我被一个又一个寄养家庭丢来丢去，最后还被送到了孤儿院去，所以我常觉得自己跟别人不一样。"

“在我很小的时候，我就希望自己在运动上、在衣着上比别人好，后来则希望拥有最好的汽车。那时候，去探知每方面最好的是什么，便成了我的嗜好。”但要真正得到各方面最好的东西，还要等上好一段日子。“我渴望拥有它们，以向别人炫耀。这个想法成为我努力的动力，我要成为世界第一。但在后来的几年中，我也许做得太失败了。”

在进入高中以后，他决定修习神学。他声称：“从二年级开始，我就一直想当牧师。”经由他人的协助，他终于进入密歇根州的一所神学校就读。“我非常努力地想修习成为一名牧师，但那些戒律却让我联想到孤儿院里不愉快的生活。”当读到 10 年级时，他被告知他并没有成为牧师的慧根。尽管他仍不改初衷，要求学校再给他一个机会，但学校仍然要他退学。对此他非常恼怒，他的高中学业因此也是在别处完成的。

五个简单口号

汤姆没有钱上大学，所以他只得进入海军陆战队（Marine Corps）服役。在军中他多次担任警卫职务，也被调动过几次。他在海军陆战队前后待了 3 年。军队里的训练教官是非常严厉的，尽管汤姆本身也好不到哪里去，但他仍无法接受他们的训话。不过汤姆也承认，3 年的军队生活对他仍然是有益的。就在他所属的舰艇在菲律宾和日本间巡防的那段日子里，他领悟出一套属于他自己的人生哲学，这套哲学包含了人生的5个法则。“我认为它们是指导一个人的生活，至少是我的生活的正确方针，而自从我创造出它们以后，就未曾更改过它们。”他至今仍然对这5个法则奉行不渝，以下就是他对它们的诠释：

- **精神。**“我的宗教信仰非常虔诚，如果不是靠着宗教的力量，我绝不可能建立达美乐王国。每次当我被现实打倒后，都是信仰帮助我再次站起来，这就是信仰的力量，而我每天都依赖它。在生意上，我的信仰就表现为这条黄金法则：己所不欲，勿施于人。”
- **社会。**“最先出现在我的社会生活圈子里的是我的家人、我的妻子和4个女儿，接着就是我的朋友。商场上没有朋友，是不会成功的。再下来就是所属的社会。我深信每个企业都有责任参与社会活动，因为这个社会支持了你，你就应该回馈这个社会、支持这个社会。”
- **心智。**“唯有心安理得才能造就一个健康的心灵，一个有着积极、乐观的态度和展望的心灵。为了使你的心灵保持健康，你必须时时磨练心智。应该事事充满好奇并渴望得到新资讯，这样一个人就能够为他自己的问题找到答案。”
- **体魄。**“一个强健的体魄和一个健康的心灵是同等重要的，因为身体就是心灵寄宿的庙堂。我去健身房练器械、做俯卧撑、跑步，每9个月就做一次体检。我的行为还曾为我赢得‘健康痴’的外号，但我将它视作一种赞美。”
- **财务。**“我很清楚，如果我遵循了前面4个法则，那么金钱上的成功就会水到渠成，而事实也的确如此。因此，我把它放在最后这个恰当的位置。但很不幸的是，我对它的注意却往往比其他 4 个来得多，这么做会导致错误，而我犯了不少这样的错误。”

达美乐的诞生

汤姆自海军陆战队退役后，经历了无数的起起落落，尤其在财务方面。他在从军期间存了一笔钱，他把这笔钱投资到石油公司中，之后还加码投入，最后却落了个血本无归。这项投资到后来一无所获，因为替他投资的人卷款潜逃了。身无分文的他，有一阵子过着无业游民般的生活，有一晚在丹佛市还住在贫民窟中的一间破屋里。多数时间，他都是在那种流浪汉聚集的陋巷里的廉价旅馆中度过的，也曾经重操摆设保龄球瓶的旧业，以求糊口。

看起来这场力争上游的奋斗比想象来得困难。情况的确如此，但当幸运之神降临这家比萨店之后，情况就不一样了。他在 23 岁时，和他的兄弟在密歇根州东南方某大学校园边上开了一家小比萨店，店名叫作多明尼克比萨店（DomiNick's），就取自原来的店主的名字。汤姆兄弟俩借了 900 美元，其中 500 美元就当作购买这家店的首付款。在店开业不久后，汤姆的兄弟就退出了。汤姆原先的想法是，他要用这家店所赚得的钱进入大学念书，但不久他就发现，他爱上了比萨这门生意。他喜欢做比萨，没多久他就知道比萨将是他的终生事业，同时他将因之而成功。他告诉自己："如果就是它了，那就看我的了。"这场力争上游的战斗就在激情中打响了。他的信念告诉他："只要相信，梦想就终究会实现。"

开始的时候，店里的事务都由他一手包办：他做比萨，然后把店门关上，外出卖比萨，然后再匆忙赶回来，做下一个比萨。但在第 1 个月时，他根本就无法外卖，因为他连电话也没有。"**我从未怀疑我终将成功，只是需要很努力地工作罢了。**"的确如此。在这期间，汤姆一周工作约 100 小时，除了固定假日外全年无休。像这样辛苦的工作持续了 13 年。他自己就说："我仅有的假期就是结婚时给自己放了 6 天假。"

"玛吉（Margie）是一个很好的妻子，但她的个性跟我全然相反。她凡事讲求实际，头脑冷静，是一个好母亲、一个正直、讲规矩的人。有她在身边，我才得以脚踏实地。我们刚结婚时住在拖车里。有几年的时间她负责公司的会计和财务工作。我每晚回家时，她总在家中迎接我。"汤姆笑着说："如果我是风筝，那她就是风筝上的线。"

当然这一路走来，绝对不是一帆风顺的。那家比萨店原来的主人原本允许莫纳汉使用他的名字——多明尼克，但过了一阵子，他却告诉汤姆不得再使用这个名字。在绞尽脑汁之后，汤姆突然灵光一闪，就将店名改成了达美乐。

然而，新店名依然有原店名的影子，结果那家公司又禁止汤姆用这个新名字。经过一连串的诉讼后，汤姆终于赢得了保有达美乐比萨店店名的权利。

除此之外，他也一度濒临破产边缘，但他下定决心不管花多长的时间，他都要将所有的债务还清。他说："从 1969 年到 1973 年，我只买当天所需要的东西，不留任何存量。同时我立志，当有一天我的债务还清后，我要报答每一位帮助过我的人。"

他说他似乎总是才解决了一个麻烦，又有另一个麻烦接踵而来。但幸运的是，在每次麻烦过后，他总能变得更坚强，虽然未必更聪明。然而我不相信幸运跟这整件事有什么关联，他之所以能变得更坚强，是因为他打了一场好仗。汤姆总是不畏竞争，但他也相信，除非以诚实、公平、严格遵守游戏规则的方式到达成功的巅峰，否则事业上的成功还是空洞不实的。他是个理想主义者（这种人应该多一点），同时他把一生都贡献给了他的事业、员工、顾客、信仰和被他当作一切行为的最高指导原则的道德观。

当他的业务规模从第一家达美乐比萨店扩张到好几家店之后，他便通过吸收特许加盟店的方式，使达美乐比萨店的分店数不断增加。汤姆就跟建筑师一样，由一张设计草图开始，一步步构筑他的事业王国。他是一个将理想与梦想付诸行动，使其得以实现的建筑师，也是弗兰克·劳埃德·赖特（Frank Lloyd Wright）的忠实信徒。事实上，汤姆的心中认定，赖特是世界上最伟大的建筑师，而达美乐的国际总部即反映出赖特的建筑风格：它是一幢长而低的建筑，与所在的地形紧密融合在一起。

凡事都要最好的

随着成功而来的，是凡事都要最好的这一强大欲望。“我向来都较一般人愿意等待更长的时间、更辛勤地工作且怀有更大的梦想。但我也倾向于把所有喜爱的东西据为己有，有的时候甚至有点走火入魔了。”举例来说，汤姆就指出，有段时间他很可能是全国花钱花得最凶的人。“我买下了曾经赢得世界职业棒球大赛冠军的大联盟棒球队；我兴建了达美乐综合农场，里面有建筑物、野餐区、专门用来收藏古董车的博物馆和宠物区；我还在德拉蒙德岛（Drummond Island）的休伦湖畔建了一间小木屋。除此之外，我买了私人喷气式飞机、直升机、游艇和更多的车子。当时我认为这些都是理所当然的。”

然而，现在的汤姆·莫纳汉却有了截然不同的想法。“我现在不再疯狂采购东西，在我有生之年也不会再这么做了。我不会只是为了炫耀而去购买某样东西，我对炫耀已经完全免疫了。”那么在物质之外的精神领域中，这场力争上游的奋斗为汤姆赢得了什么？他发现，那是一件再单纯不过的事：永续的家庭伦理，以及以自身作为一个活生生的例子去宣扬他的信念，这些才是重要的事。这些是金钱也买不到的。这一切就在他所成立的雷格特（Legatus）机构中得到了印证。雷格特是一个国际性组织，由一些信奉天主教，立志研读、宣扬并且将他们的信仰应用在职业和个人生活上的企业总裁所组成。“我相信生活中有些事一定比达美乐比萨更重要、更值得被重视，而我有信心找到它们。”

我相信，这样的追求会带给汤姆·莫纳汉更大的力量和耐力。而“生活中比达美乐比萨更重要的事情”可能就是他最大的成就。现在轮到你加入这场力争上游的奋战了。加油！

第 19 章 成功六步

你一定有过在铁路道口前等待似乎永无尽头的列车通过，或者退后一两步后再继续向前走的经验。在等待的时刻，你一定在想警示灯到底何时才会停止闪烁；警铃何时才会不再响；闸门何时才会打开。

碰到这种情况，你可以坐在驾驶座上火冒三丈，但你也可以跟我一样，学着告诉自己要有耐心。是的，耐心是开启成功之门的钥匙之一，虽不是唯一的一把，但是其中的一把。最近当我在铁路道口前等候时，我就在思索这个问题，同时我还联想到我的一位始终热爱火车的朋友。

当理查德·库恩（Richard Kughn）还是一个生长在俄亥俄州的 3 岁小男孩时，他就总喜欢在铁路道口前看火车经过。他会告诉你，同时眼底总会闪过一丝怀念的表情：“当我还小的时候，我可以在那里站上一个小时，光是静静地看，什么事也不做。”在那个时候，朝着他未知的世界不断延伸出去的轨道，还有在它上面跑的货车和客车，都让他幼小的心灵着迷不已。

他曾经告诉我："有一天放学后我走路回家，那天正好是收垃圾的日子。在一个垃圾桶里，一个里奥耐尔组合玩具火车的一端露了出来。"于是，他就把那组玩具火车拖了出来，其中包括火车、轨道和转换器，然后带回家清洗干净。"我家地下室里有一张乒乓球桌，于是我父亲就帮我把轨道铺在上头，而这小东西居然还能走。"那是他生平拥有的第一辆火车，他那时 7 岁。两年后的圣诞节，他得到了一组新的玩具火车，它有一个电动火车头、车厢和油车，还有一个工作人员使用的车厢，都放置在一条椭圆形的轨道上。就这样他开始了和电动火车的"恋爱"，而这段"恋情"至今已超过 50 年了。

当他还是个小男孩时，他就曾经因为感染猩红热而被隔离了 6 个星期，在这段日子里库恩读了每一份他拿到手的里奥耐尔火车目录。他梦想着，如果他拥有这家制造玩具的公司，他就可以任意挑选几辆甚至全部的火车。这是痴人说梦吗？一点儿也不。今日的他，真的拥有了里奥耐尔火车公司（Lionel Trains，Inc.）。

理查德·库恩是 DBA（即 Doing Business As 的缩写）库恩公司（Kughn Enterprises）的创始人，他旗下的公司包括里奥耐尔火车公司和其他十几家商业机构，其中包括成功的动画制作公司——龙宾制造（Longbow Productions）公司，以及位于底特律的很有名的惠特尼餐厅（Whitney Restaurant）。这家餐厅是由一家有百年历史的大宅院改装而成的，经库恩改装后它有三层楼高，里面有发亮的橡木和桃花心木家具、耀眼的灯饰、穿着燕尾服的侍者、上好的亚麻桌布，以及最重要的，一份可以媲美汽车界中的劳斯莱斯级的菜单。任何人跟库恩在一起，都无法不感受到他的热情、旺盛的精力，也无法不惊讶于他对生命和人类的热爱。“叫我狄克※”是他让别人感觉宾至如归的最快速方法。

狄克出生在底特律，在俄亥俄州长大，今天的他身价已达好几百万美元，是一位非常成功的房地产开发商和产业家。他身兼 40 家机构的董事，其中有的是公司，有的是学术机构，有的是公益团体。他还担任其中几个机构的董事会主席，并且将他的精力以及各方面的专业知识奉献给了这些公司和机构。他有许多嗜好，活跃在十多个社会团体中，同时还得过许多奖，包括名列高中母校名人堂（Distinguished Alumni Hall of Fame）、成为密歇根州州长指派的密歇根旅游大使（Ambassador of Michigan Tourism），并获得过“密歇根州年度风云人物”称号、“年度人道主义者”称号和许多其他的荣耀。

库恩的成功和富有是他在走过了一段充满打击和挫折的路程后辛苦得来的。而他不畏艰难的奋斗事实，使得他的成功故事更加令人景仰。他一生的传奇故事，对那些刚刚开始他们的事业、致力于攀登巅峰的年轻人而言，将有莫大的启示作用。

有利的家庭背景

本书中所提及的成功故事中的主角多数都出身卑微，他们是白手

※ 狄克（Dick）是理查德（Richard）的昵称。——编辑注

起家成就一番事业的。但狄克·库恩的情况并非如此，他出生于一个中产阶级的家庭。

他这样说："事实上，略低于一般中产阶级的平均水准。我虽然衣食无忧，但距离富裕仍有一大段距离。在我的生活中并没有太多奢华的东西。我的父亲，其实是我的继父，是一名不动产产权鉴定师，也是家庭经济的来源。我有很好的父母，他们对我的人生影响很大。从我很小的时候起，他们就**教导我如何以自己为荣，为自己的成就感到骄傲**。"

和我认识及介绍的其他人一样，狄克将他的成功归于他父母给他的鼓励。他们不仅是他努力时的动力源泉，在他因视力问题而深感沮丧时，他们更是他的支柱。他告诉我，视力是他不得不忍受的苦楚。"我天生两眼视线无法同时落在同一物体上，至今仍未完全矫正过来。"狄克对我说，这种情形被称为垂直复视，它会使得他看东西时出现双重影象。他在十几岁时和长大成人之后共动过几次手术，他的视力得到了些许改善。他还记得当他十五六岁时，眼科医师告诉他的母亲，他们已经无能为力了。

"我那时甚至无法连续阅读 5 分钟，我所看到的都成了两条不同的线。结果我的高中成绩非常糟糕，学校的辅导员跟我说，尽管测验成绩显示，我的工程学成绩甚至比一般大学生还高，同时我的政治学也很不错，但还是无法进入大学，因为我的其他学业成绩太差了。"

让我告诉你吧，我在学校时成绩也不怎么样，而我却有良好的视力。狄克·库恩当时就问了一个我也曾问过的问题："我这辈子要做些什么?”为了找寻这个问题的答案，他卷起袖子，开始埋头工作。

热爱挑战

虽然狄克家境良好，但他对于工作却不陌生。这位未来的百万富翁卖过《周末晚报》（*Saturday Evening Post*）和《妇女家庭杂志》（*Ladies' Home Journal*）。他也沿街叫卖过《购物指南》（*Shopping News*）。他还在读高中时，当过戏院的引座员。他还说服戏院经理，让他上台表演过近 1 个小时的魔术（他也曾对魔术非常着迷）；靠着其他学生的协助，他表演过空中飘浮的神技和其他多种幻术。他在考取驾驶执照后，还做过修剪草坪的工作。

在高中毕业以后，狄克必须从事一些不需要完全仰赖视力的工作。对于他的视力问题，他从来没有自怨自艾过，从未唱过“可怜的我，为什么是我?”的哀歌。对他而言，任何工作都是一种挑战，而终其一生他都热爱挑战。

狄克·库恩对我说过他高中时期经历过的一次运动方面的挑战。当时虽然赛季已经开始了，但他仍然决定参加学校的橄榄球队。他笑着说：“我当时是一个只有 147 磅[※] 重的瘦弱小孩，所以他们说我的体重太轻，而且加入的时间也太迟了。但我坚持不放弃，最后我终于加入了球队，成为一个只有 147 磅重的右翼擒抱员，是球队里那个位置

※　147 磅约合 66.7 千克。——编辑注

上体重最轻的家伙。”

他还做过 1 年的吸尘器销售员，挨家挨户推销，而他也承认那真是很难的差事。在底特律，他曾有一阵子在一家汽车车身制造公司当检验员。之后他到了巴尔的摩，又成了营建工程里的工程进度管理员，他也因此爱上了建筑这个行业。事实上，这一点跟我还真有点关联，因为我也曾是建筑商。

然而，那时他比任何时候都渴望进入俄亥俄大学（Ohio University）研读工程学。于是他回去找他高中时候的辅导员，辅导员给了他勇气，同时在他的协助下，狄克终于获准参加入学考试，并且以优异的成绩获得了入学许可。他告诉我：“我相信我有这个能力，但我的眼睛再次成为一大困扰。我是真的很想要好好念书，但我的眼睛却不给力。”狄克读完了第一个学期后，他的眼科医师要他休学并再次接受手术治疗，以后再回学校继续学业。于是他回到了底特律，动了一次眼部手术，然后在一个兴建政府办公楼的建筑工地找了份工作。谈到挑战，这又是另一个例子，他一开始的时候做的是水泥工，然后是木工，接下来做到工头，之后才是材料监察员。

“当时工地工程师辞职了，那家公司虽然知道我计划还要回学校读书，还是找到我，跟我说，他们希望我能待到这个工程结束。而这个工程还要花上 14 个月才会完工，这就代表我要错过一整个学年。而如果我想要这个工作，那么它肯定是我的了。”这件事需要好好考虑，它又是开启成功之门的另一把钥匙，但也不是仅有的一把。他考虑良久，把一切利弊得失都考量过后，决定接受这份工作。于是他搬到芝加哥，到一个兴建退伍军人医院的工地工作。就这样，他开始踏上建筑之路，先后在伊利诺伊州、密歇根州和俄亥俄州待过。在克利夫兰，他已升为成本工程师，稍后他又得到机会成为估价师。在他从事材料和成本的估算工作时，他已准备起跑了。

他依然坚韧不拔。**毅力是开启成功之门的另一把钥匙，但光靠它不足以成事，因此它并不是唯一的一把。**我相信你已经看出一些端倪了。有些人称之为成功六秘诀，但我深信你之所以攀上巅峰，是因为你照着正确的路线一步步迈向它，而且我相信你也知道这一点。

成功的六个步骤

当他还是一名学生时，狄克就下定决心要证实生活中有三个步骤可以帮助他克服任何障碍。它们是他根据“兔小弟和荆棘田”（*Brer Rabbit and the Briar Patch*）的寓言改写的一个故事中所蕴含的道理。它们就是：

（1）**耐心。**胜利属于耐心等到最后一刻的人；机会总在最后一刻才现身。

（2）**考虑周到。**凡事三思而后行，要考虑事情的每一个层面，不要一窝蜂跟着潮流走。

（3）**毅力。**要有坚韧不拔的毅力，眼睛要永远紧盯目标，不轻言放弃梦想。

而在奋力向前的过程中，库恩体会到，光是这三个步骤，仍然不足以克服一切艰难险阻，于是他又新增了三个：

（4）**朋友是不可或缺的。**在你追求成功的旅途中，光是孤军奋斗是不行的，朋友能够为你提供支持。

（5）**团队合作精神。**如果你希望身边有志同道合的朋友，如果你想要融入团体，你就必须有良好的团队精神和人际沟通能力。

（6）**拓展人际关系网。**当你的社交圈子不断扩大后，你需要建立一个人际关系网。如果你给别人留下良好的印象，并且恰如其分地与人交往，那么你就会有一群好朋友，甚至无须电话召唤，他们就会主动与你联系。

这些法则使狄克·库恩受用无穷，而他在成本控制和估算方面的职业背景，让他有机会和一位天生注定要成为美国重量级不动产开发商以及大型购物中心建造商的人一同工作。这个人就是阿尔·陶布曼（Al Taubman）。刚开始的时候，狄克担任陶布曼的估算师，之后他进入这家公司，然后一路晋升为这家公司的董事长和首席执行官，最后成为董事会副主席。

但是狄克并不满足于此，他渴望拥有自己的公司，所以他离开了陶布曼的机构。就在那个时候，他买下了我先前提到的惠特尼宅院，把它作为库恩企业的基地。在他坚定地朝着世界之巅一路前行时，他依然未曾忘记模型火车。他从 20 多岁起开始收藏玩具火车，是模型火车爱好者圈子里的活跃人物。

里奥耐尔先生

狄克被人尊称为“里奥耐尔先生”（Mr. Lionel）。在 20 世纪 80 年代中期，他就听说里奥耐尔火车公司正在寻求买主。当时这家模型玩具制造商已由密歇根州外移到墨西哥，而公司在那里的经营，无论在劳资关系方面还是在市场营销等方面，老实说都是一团糟。“我希望那家公司整个再迁回密歇根州，不仅因为它原本在那儿起家，也因为我觉得它是属于那里的。我希望延续这个传统。”这是他在得猩红热的幼小年纪时就有的梦想。但重要的是，就像我先前所指出的，他敢做梦。

尽管许多财务专家都不看好这桩交易，但狄克仍然下定决心要买下这家公司，并且着手进行收购。为了这个机会，他已经耐心等待了好些年，他也曾仔细考量过这个收购行动的利弊得失，除此之外，他还一直等到里奥耐尔火车公司再度迁回密歇根州。他知道他必须培养一群好手来治理这家公司。到了今天，这家经营了几十年的老牌公司仍欣欣向荣，在他买下这家公司的短短两年内，它的年营业额就超过了 5 000 万美元。

今天，一个完整的模型铁路就陈列在狄克的私人博物馆（这里不久将成为会议中心）里。该模型铁路有数千英尺长的铁轨，两边还装点了假山假水，除此之外，车站、建筑物、转换器和信号灯一应俱全。“你想看这辆电动火车转动吗?”狄克好意地告诉我：“只要叫它里奥耐尔就可以。”至于那些放置在模型铁路上的火车，则被整齐地排列在墙边的好几层架子上。

事实上，狄克不只钟爱火车，也热爱汽车。从两岁开始，他就开始玩玩具车了。“我把扑克牌铺在地上，假装它们是道路。等我长大以后，我对汽车就有一种莫名的热爱，好像这是一种与生俱来的情感。”有一次，当他和同学一起走回家时，狄克说：“我们一起来造一辆车吧!”于是他们就利用废车场里的零件组装出一辆车，那是一辆 1923 年出厂的 T 型敞篷车。“我高中最后一年整年都开着它上学，也是它让我对汽车产生了浓厚的兴趣。”

别忘了我也喜欢汽车，而且我还喜欢卖车，就是因为我的兴趣浓厚，所以我的销售成绩才得以荣登《吉尼斯世界纪录大全》。但是狄克则创下了另一项不同形式的汽车纪录，他将自己对汽车的热爱转化为收购各类型的上好汽车。他那令人咋舌的汽车收藏品，从 20 世纪 20 年代甚至更早的汽车，到 50 年代、60 年代和 70 年代的汽车都有，好些就放在他陈列模型火车的同一个私人博物馆里。他的收藏名列世界十大收藏品之一，这也是各地汽车爱好人士欣羡的目标。

从一个卖《周末晚报》的小孩到百万身家的工业巨子，狄克·库恩始终谨记他的荷包不是永远满满的。他不仅是个成功的人，也是一个谦让的人。他回忆起自己早年的奋斗历程，年方 20 岁又逢失业的他正由芝加哥返回底特律：“当时我口袋里只有区区 12 美元，开着一辆双人座的旧车，车上载着我仅有的微薄家当。在路上车胎不幸爆了，祸不单行的是，汽油也快用完了。于是我将车开到附近的加油站，花了 8 美元买了个补过的车胎并为汽车加油。而仅剩的 4 美元则用来买了面包、果酱和一罐花生酱充当晚餐，并且支付了在底特律基督教青年会馆一晚的住宿费。”

在这里我们看到一个人，他有着连医师都束手无策的双重视力，却始终将目光专注于前方的道路，无论那是在地板上用扑克牌铺设而成的假路，是向远方不断延伸的铁轨，还是通往成功的道路。

还有一个因素，是狄克曾经对我提起，但没有涵盖在他的成功六步之中的，那就是：做你喜欢、能够为你带来成就感、完成后能使你快乐的事。他是这么说的：“**除了要尽力做好你所从事的事情外，还要乐于从事这件事。如果我不能从中得到乐趣，那么我是不会继续做下去的。**”

我想这是个关键，它**使得一个人不但成功，而且快乐**。

第 20 章

失败也可以是成功

我相信，你对下面这几句话一定不陌生：“当上帝关上一扇门的同时，也为你打开了一扇窗”，或者“否极泰来”“苦尽甘来”。我有一个朋友就能证实这几句话，他的一生其实就是这几句话的写照。

他的名字跟我一样叫“乔”，他被许多人称为“世界第一的广告人”（The World's Number One Ad Copy Man），而单单这项成就，就足以令他名列《吉尼斯世界纪录大全》了。他就是约瑟夫·舒格曼（Joseph Sugarman），JS&A 集团的领导者。JS&A 集团就设立在伊利诺伊州靠近芝加哥北方湖畔的诺斯布鲁克。

乔利用文字的力量，创设了这家年营业额超过 5 000 万美元的大公司。他的家境并不富裕，当初他创业时更是身无分文。JS&A 集团是他凭着一已之力建立起来的。事实上，在他的一生中，他一直都是“凭一己之力”。他攀登巅峰的故事，足以用来激励那些志存高远、脚踏实地，正要开创自己的事业的青年男女。

乔·舒格曼是在伊利诺伊州的奥克帕克长大的，著名的作家欧内斯特·海明威（Ernest Hemingway）就曾经住在那里，而知名的建筑师弗兰克·劳埃德·赖特也曾为那个城市设计了许多房子，他本人甚至在乔·舒格曼就读的那所高中教过书。那是一个具有深厚传统的城市，而其中的一个传统，就是年轻人都要上大学。

乔也不例外，尽管他并未毕业。乔的父亲是个生意人，也是一家公司的负责人，乔因而生长在一个充满变数的环境中：今天还很有钱，明天却可能面临破产；今天大家还住在舒适的房子里，明天却可能付不起房屋贷款。因此，乔不可能、也不愿意依赖家庭供给他的教育经费，在大学时期，他就知道他必须找份工作。

他告诉我："我恰巧在一家餐厅里找到了工作，餐厅老板看我是个大学生，就对我说，他希望能招徕更多的学生到他的餐厅用餐，但他不知道如何做。于是我就建议他在学校的报刊上刊登广告，当时毫无写作经验的我还自告奋勇为他撰稿。"

乔为这家餐厅写了一则非常荒诞、疯狂的广告，但效果却出奇地好，那家餐厅随即涌入了大批学生。餐厅老板见状大喜过望，便提出一个交换条件：如果乔继续为他写广告，那他就免费供应他所有的膳食。乔认为这是一个大好的机会。接着他开始为该店服务并为另一家餐厅写广告，不久他就可以用有趣的广告来换取衣服和食物了。"我成了校园里吃得最好、穿着最讲究的人了。"他回忆着，笑容使得他那满是胡须的面孔整个亮了起来。这位全球第一的广告人，就这样开始了他的职业生涯。

我坐在乔·舒格曼的对面，聆听他对生命和事业的热情态度，我很快就看出来，他的言语、声音和笑容，一定能够让你马上就知道他是一位一流的销售员。这并非他直接告诉我的，而是因为身为世界最佳销售员的我，最能体会“英雄识英雄”。

他在其他方面也是一流的：飞行员、运动达人、演说家、作家，此外，他在年轻时就是一名很有抱负的电子工程师。舒格曼在 20 世纪 70 年代初期开始从事邮购的生意，最初卖的就是电子产品。刚开始的时候，他是在自家一个房间里经营事业，但很快他就需要把整栋房子都拿来作为工作场所，包括地下室在内。从那时候起到现在，他那令人惊叹的成功事业以及同样令人惊叹的失败经历，都广受世人注目。

他在营销事业上的成功和失败固然是件重要的事，但我个人相信，舒格曼面对成功和失败的态度与方式是更为重要的事情。他处理事情的哲学是我个人非常推崇的，但我们先来看看乔所经营的是何种性质的事业，因为本书探讨的重点仍旧是事业上的成功故事。

JS&A 集团

JS&A 集团旗下有好几家公司，负责众多产品的营销，举例来说，有可以阻绝紫外线，以保护佩戴者眼睛的布鲁布罗克（BluBlocker）牌太阳眼镜，由于它的问世，其他太阳眼镜制造商也开始考虑生产同类型的商品；另外还有维生素产品、护肤产品、汽车用品如挡风玻璃的雨刷和汽车添加剂等。

在创业之初，舒格曼便利用直销的方式推销口袋型电子计算机。其后，他进一步扩充他的产品线，例如肌肉按摩油、家庭用血压计、自动拨号电话、民用波段口袋型收音机、各类健康及健身产品、离子空气清洁机、液晶数字手表以及其他各式各样的商品。

他把商品直接送到消费者手上；事实上，舒格曼是利用免费电话推销的第一人。他最先尝试制作不像广告的广告，这些广告看上去像是富含知识并且通常很有趣的文章，这些文章被刊登在报纸和杂志上，例如飞机上供人阅读的刊物即为其中之一。除此之外，他还通过电视购物的方式直接向消费者推销，指出这种商品是无法在零售店买到的，只能通过邮购或打免费电话订购，至于在付费方式方面，大多数信用卡他们都欢迎。

在JS&A集团里，舒格曼虽然贵为公司的主席，但他所乐于扮演的角色，却大大有别于一般人，对此大多数成功的企业领导者可能并不能苟同。有次在内华达州拉斯维加斯的一个聚会上，我们谈得很愉快。他对我说："我在公司里的角色，基本上是属于创意方面的。我是撰稿人，所擅长的就只是撰写广告稿，以吸引人们购买我们提供的商品。"事实上，他不仅为平面媒体撰写具有说服力的广告，而且编写及制作他自己的半小时的电视广告节目，也就是更进一步地将他的沟通技能运用到视听媒体上。

乔表示，如果他写的一则广告或者制作的一段电视广告使得大家做出了回应并且购买了他的商品，那就是他从事这个行业获得的最大回报。他的说法是："对我而言，这就好像大众在投票，并且说'是的，我喜欢你提供的东西，我们很感兴趣，同时我们愿意用辛苦赚来的钱换取它。'别忘了，**金钱正是一个人自我的延伸**，很幸运地，我能引起这个自我的共鸣。"

成功与失败

我问乔·舒格曼："在你攀登巅峰的过程中，曾经经历过哪些成功和失败？"他的回答是："在我的一生中，曾经有过很多次失败纪录，事实上，我还为此感到非常骄傲。**这些失败之中，有些令人非常沮丧，有些很悲哀，但有些很有趣。**"

我想，他所说的有趣绝不仅是引人哈哈一笑，而一定是非常奇特的经验。你可曾想过，如果你发明了一种改良的捕鼠器，那么各地的买主就会蜂拥而至，踏破你的门槛？但发生在舒格曼身上的，显然不是这种情形。想想看，一个激光捕鼠器在处于激光时代的今日似乎会是一项制胜的产品，而它也确实满足了乔对独特商品的一贯要求。"我投注了大笔大笔的钞票，去研发和推广这个产品，但它竟然一个也没卖出去，最后我只得全盘放弃。"

这个故事正说明了舒格曼对于成功和失败的人生哲学：**你能从成功中学到的，少之又少。**"然而，我从过去的失败经验中却学到了不少。这就是为什么我非常珍惜每一次失败。我个人深信，失败就是学习的过程。我相信冥冥中有个主宰，一件事会成功，一定是因为它满足了成功的条件，而一件事会失败，也一定有失败的理由。而**成功的条件之一，就是失败本身**，虽然这话听起来也许很怪异。”

他的解释是：“**你每失败一次，就被迫向成功更近一步。**等失败的次数够多了，你所累积的知识就可以让你拥有绝佳的条件去追求成功。而这跟信心有着很大的关系。我一向认为——甚至当我已经输掉所有，而且这种情况已发生过不只一次——我仍然会大获成功，只是时间早晚的问题。”

乔告诉我，他把失败都放在后面的口袋里，把它们视为从中学习的经验，事情过后，东山再起。他一再告诉自己：“我知道我一定会成功的！”就是这样的信心使得他坚持了下来，他确信一个人的信心甚至能够移山。他肯定地说：“**如果人们相信自己终会成功，那么尽管遭遇失败，他们依然会有成功的一天。**”

乔就是一个活生生的例子。他曾经不只一次在商场上遭到全军覆没的打击，好几次他欠了一屁股债，而且似乎根本无力偿还。他的经验对那些在攀登巅峰的路途上面临大大小小的挫折的人来说，一定可以产生鼓舞与支持的作用。例如，乔·舒格曼在20多岁的时候几乎一蹶不振，当时他的广告事务所被一个客户恶意欺诈了一大笔钱，因为他未支付应给付的广告费。乔说话比较直接，他直称那个客户是个“骗子”。

还有一次，乔为某个电视节目设计了一种非常独特的宣传手法，结果却必须独自收拾烂摊子。事情是这样的，他根据这个节目的主角，一个虚构的侠盗，设计了“蝙蝠侠信用卡”，以此作为宣传的噱头。但他却未能取得销售执照，结果整个计划胎死腹中，留下了25

万张毫无用处的卡片。“直到今天我还保存着这些卡片。”这显示了他对这次不愉快的经历的处理方式，还挺有幽默感的。

除此之外，他还经历过其他失败的尝试，包括在营销电子商品上输给了其他几个规模更大的竞争对手；也曾经跟美国联邦贸易委员会（Federal Trade Commission）打了一场大仗，在报纸杂志和法庭上花了大笔的钞票。

接着，乔决定更换工作，这个新工作将他带领到当前的事业上。他之所以能有今日的成就，正是因为他坚守一个信念：他一定会成功，而且成功的条件就在于先前的失败。在换了新工作之后，他仍然秉持一贯的经营理念：童叟无欺、提供免费电话和直邮服务替客户省钱。此外，他凭着毅力，把所有债务都还清了。

于是，我问乔·舒格曼，对于那些在事业上遭逢重大打击、面临破产噩运、和他一样遭遇惨痛失败的人，他有些什么忠告。“乔，我想一个人必须了解，在他生命中发生的每一件事，都是因为一些美好的事情终将由此开启。当事情发生时，它可能看来像是世界上最糟、最倒霉的事，但如果你真的相信一些美好的事情终将由此开启，它就会真的开启。根据我过去几十年的经验以及我曾经经历过的许多晦暗的日子，我发现对我而言，它确实就是如此。如果你真的有此信念，那么你会发现，它会使你的生活发生 180 度的大转变。”

接着我又问乔：“对于那些在职业生涯中彷徨不前，甚或不知如何开始自己事业的人，你会给些什么建议？他们该如何踏出第一步？”他的建议概括起来就是根本无须为这种事操心。他的原话是：“这没什么大不了的，不知道自己要做些什么并不犯法，但如果因此而惊慌失措就显得相当愚昧了。一切顺其自然，时间到了，你自然就会找到你想要从事的职业。**时候到了，一切就像是水到渠成般自然。而在那个时候尚未到达之前，尽可以去体验一切。**凡事顺势而为就对了。”

顺势而为！我喜欢这个说法。它提醒了我另一个同样健康的忠告：不要逆流而行。乔·舒格曼继续说道：“从你生活中所经历的事物中，你开始立定志向，并且发现自己喜欢和真正想做的事。你会遇到各式各样不同的人，同时你也会遇到各种机会。所谓幸运，就是在机会出现时你已有所准备。”

有所准备？他接着解释道：“我们的头脑就像是一部发电机。人类是世界上少数几个会思考，同时会因着思想而创造出具体事物的物种。我们必须做的，就是决定我们真正想要的是什么——认真思考并将它具体化，然后让它自然发展。最后你终将得到它。已经有许多不可思议的‘偶发事件’就照着这样的程序发生在我的身上。”

当那些“偶发事件”发生时，它们真正是值得珍惜的经验。在我的生活和职业生涯中，也有过相同的经验，所以我可以证实确实如此。同样，乔·舒格曼在他的个人生活与事业上也有过许多宝贵的经验。此外，他笃信帮助人们能为他带来莫大的快乐。事实上，帮助人们追求成功，正是我写这本书以及到各地演讲的最大动机，我认为那是我活着的理由之一。而乔·舒格曼对他活着的理由的解释方式令人印象非常深刻：“我相信人到这个世界来，有着各种不同的原由，而我活着的理由就是去激励其他人，帮助他们跳出以前的框框，以不同的角度去思考。”为了印证他的人生观，他说了下面这个小故事。

犁田

有一天下午，一位编辑和他的朋友开车到伊利诺伊州的乡间，行进间他们两位都注意到，有位农夫正坐在他的拖拉机上一行接一行地犁田。这位编辑把车子靠向路边，在篱笆旁停了下来。他接着走出来，大声呼叫并且招手要那位农夫过来，后者于是关了引擎，走到篱笆边。

出人意料的是，这位编辑一开口就指责农夫犁田的方式不正确。“你难道不知道，你这样犁田是不对的吗？只有疯子才会像你这样犁田。”农夫听了十分不悦，就回了他一句，他一向都是这样犁田的。

但这位编辑还是滔滔不绝地数落：“你应该为你自己感到可耻，看看你把拖拉机弄得多脏。”可以想见，这名农夫自是大为光火，他开始大声吼叫并且挥舞双臂。这时编辑走回他的车子，随即把车开走。他的朋友始终大惑不解，就问他：“我真搞不懂你，怎么这么粗鲁，还羞辱人家。这到底是怎么一回事？”

这位编辑反问他：“你难道看不出来，我是在做一件好事吗？那位农夫傍晚回家以后，一定会把今天有个陌生人找他晦气还随意批评他的事情告诉他老婆。我这么一闹可能会给他一个反省的机会，这可能是他以前从来没做过的。”

“他可能开始想，他犁田的方法或许真的不对，或许他应该试着做些改变，而不是一味地墨守成规。他会跟他的妻子讨论，而她也可能会给予支持。我希望我能够对他有所启发，使他的生活变得更好，而他也会从这次经验中有所体验与成长。是我解开了他思想上的盲点。”

舒格曼的结论是：“我认为我到世上来，就是为了同样的理由：向许许多多的人传播理念，唤醒他们，引起他们的兴趣，说服他们，然后提供给他们一些对他们真正有益的商品。”

这一点就跟我不一样。我是个一对一的汽车销售员，而乔·舒格曼的销售业务却是一对上百万人。

第一广告人的忠告

以下就是乔对那些想要自己创业、同时决心追求最高成就的年轻人所提出的忠告。而这对于那些想在组织里获得更好的发展、眼光放在巅峰的人也是很好的建议。不要害怕去运用这些点子，或是依照自己的需要加以修改。乔早就习惯被抄袭了，同时就如同他自己所说的一样，模仿其实是最真诚的赞美。这也是我说如果我可以做到，你也可以做到的原因。同样，如果乔·舒格曼做得到，那么你也可以。

- 销售一种独一无二的商品或者服务，寻找这个万中选一的机会。
- 留意消费者追求的流行趋势，以及他们都买了些什么。
- 以一种独特的方式宣传你的商品或者服务。

- 加快脚步，超过所有竞争者。
- 理解消费者的情感。他们所关心的无非是省钱、外观、健康、娱乐，更重要的是：价值。
- 当某项商品或服务的利润和竞争优势已到达底线的，就要当机立断地放弃。
- 用心体验人生路途中所发生的一切，然后立定自己的志向。记住，一切顺势而为。

第21章

试试这些积木

我确信你一定有过险象环生的经历，也许是你的车子差点出了意外，也许是你在家中、工作中、运动中几乎酿成灾难。我知道，因为我自己就有此类经历。在事情过后，你可能会大大松一口气，然后对自己说："噢，真是千钧一发（close shave）呀！"

然而，除了千钧一发的险况外，世界上还有真实的 close shave（这里指的是与脸型相吻合的刮胡刀）。但这位全球知名的成功人士所经历的 close shave 与众不同，跟意外事件一点儿也扯不上关系。由于他对那种刮胡刀的印象非常好，于是他便买下了生产这种刮胡刀的公司。他告诉我："我非常喜欢这种刮胡刀，它令我非常满意。"他就是维克托·K. 基亚姆（Victor K. Kiam），康涅狄格州布里奇波特的雷明顿制造公司（Remington Products）的首席执行官，该公司专门制造供男性和女性使用的电动刮胡刀和电动脱毛器。

基亚姆多年来一直都是该项产品的电视广告的代言人。他告诉观众："如果刮胡刀不像利刃般锋利服帖，保证退钱。"而这样的承诺正是他奉行的基本原则之一：**无论你销售什么商品，要确定它完全值这个价格。**除了雷明顿之外，基亚姆还拥有 6 家大公司。他今日的富有，以及他在国内外举足轻重的影响力，和他刚出道时靠推销以求糊口的情况相比较，简直就是天壤之别。

满足欲望

基亚姆出生于路易斯安那州的新奥尔良，由他的祖父母一手带大。他的父母在基亚姆 4 岁时就离婚了，同时搬到其他州去居住。而他在 9 岁时，就有了第一次做生意的经验，他天生就是一个人才。他能够看出需求在哪里，然后满足它，抓紧每一个做生意的机会，并且好好加以经营。

他告诉我："那个时候，我常看到人们从被称为'欲望街车'的电车上下来，事实上，那个站牌离我家只有一条街远。那时我们还没有空调这玩意儿，所以人们一下车，总是臭汗淋漓。他们有些人会经过我家门前，而我就在前院中嬉戏。"看到这些满头大汗的人，年幼的基亚姆想到，他或许可以把可口可乐卖给他们，以满足他们对冰凉饮料的需求。他把这个想法告诉了祖父，祖父于是给了他 5 美元。他就利用这 5 美元，在家门外摆了一个小摊子。

"我用一个大桶装冰块。我以 3 美分一罐买进可乐，以 5 美分一罐卖出去。"一个月过去了，结算下来他竟然亏了。他的祖父问他，怎么会亏钱？毕竟每笔交易应该会有 2 美分的利润。基亚姆就告诉他：“有些人实在太穷了，根本买不起可乐。我觉得他们太可怜了，所以就免费送给他们喝了。”

他的祖父当时就给了他一些关于施舍的忠告，这些忠告基亚姆一生都铭记在心。他的祖父说：“有善心是很好的。你能这么做固然很好，但首先你得有盈余，其次才可以免费请人喝。”

于是，年幼的基亚姆从他祖父那里学到，无论在生意上还是日常生活中，想要资助他人，都必须先有财力才能做到。17 世纪英国作家托马斯·布朗（Thomas Browne）就曾经说过：“施舍要由家里开始。”今日有些人建议那些想要攀登巅峰的人“出去寻找成为第一的机会”。我喜欢布朗的名言，而相较之下，我更喜欢基亚姆祖父的表达方式。

许多成功人士的出身都非常低微，但就像并非所有总统都是在小木屋中出生一样，所有成功人物也不一定都出身贫寒。维克托·K. 基亚姆的情形就是如此。

基亚姆小时候可以说没吃过什么苦，也没挨过饿，日常生活里几乎什么都不缺。在 1929 年股市大崩盘之前，他的祖父母可算是有钱人，生活水准在中层之上，但遗憾的是，最终他们失去了一切。在经济最不景气的时候，他的祖父卷起袖子到外边找工作。他是一个很有天分的艺术家，愿意在晚间为人作画。不久，当他 70 岁时，他被华特·迪士尼影视制作公司（Walt Disney Studios）聘为漫画师。基亚姆回忆说：“我的祖父母非常和蔼可亲，他们是真的宠爱我。我可能比一般有父母照顾的小孩过得还要好。”

尽管如此，但基亚姆的童年时期没有父母陪在身边，这件事他至今回忆起来仍颇为遗憾。维克托·K. 基亚姆在 10 岁时离开了新奥尔良，到纽约市和父母住了两年。勉强可以这么说，因为第一年他是星期一到星期五跟爸爸住，周末时就跟妈妈住；第二年再反过来。在两年过后，他就一个人住了。从 12 岁开始，基亚姆就独立了。

向前向上

基亚姆在十几岁时离家到别处求学，最后进了位于马萨诸塞州的一家预备学校安多尔。接下来，到了 17 岁时，他加入美国海军。他被送去军事学院，毕业后即成为一名海军少尉，并且在北大西洋的一艘航空母舰上服役。当时欧洲方面的战事已经停止，但太平洋的战争仍在进行当中。

当他 20 岁从海军退役后，他开始找工作。而他找到的工作中条件最好的，竟然是在一家公司的收发室工作。基亚姆并不歧视收发室的工作，但他就是没有兴趣。而他的军旅生涯使得他有资格成为《退伍军人权利法案》(G. I. Bill) 下接受教育的受益人，于是他决定到欧洲去，后来成为索邦 (Sorbonne) 大学的学生，并且在那儿获得了语言学的证书。除此之外，他在巴黎的那段时间还开始了平生第二桩生意（第一桩就是可口可乐的生意)。

当时有一位新闻从业人员问他，是否有兴趣当一位绅士和一位女士的导游，带领他们游览巴黎。最初他以为他们是一对夫妻，后来才知道他们其实是一对母子。他们嫌当时美国运通旅行团的收费太贵了，包括租车和司机一天要 35 美元。于是，有成为企业家雄心的基亚姆就表示，他非常乐意当他们的导游，他的收费是一天 15 美元。

基亚姆“提供全方位价值”的人生观让他受益良多。结果，这对母子的巴黎之旅非常愉快，而这位男士正是史密斯学院（Smith College）的一位教授，该校是位于美国马萨诸塞州北安普敦的一所女子学校。于是，他便将基亚姆推荐给三位一起出游的史密斯学院的女学生。他告诉我：“我带她们到法国和意大利各地玩了 6 个星期。”这两次成功的经验引发了他一个念头，于是他设立了欧洲旅游服务公司（European Touring Service）。他印制名片，然后到巴黎各旅馆分发，寻找导游的生意。结果他的生意非常兴隆，极盛时拥有 6 辆车的车队，还雇用索邦大学的学生当司机。

20 世纪 40 年代末，基亚姆从巴黎大学毕业了，并且进一步到哈佛商学院（Harvard Business School）就读。据他对我所说，他就是在这里感受到进入商界的动力的。在他的同学当中，大多数人的父亲不是拥有自己的事业，就是企业的高层主管。基亚姆回忆道：“我没有这样的背景，但我认为我和其他学生同样优秀。他们将来肯定都会在商界占有‘一席之地’，而且他们已经赢在起跑线了。我所做的，只是鞭策自己要跟他们一样成功，因为我一向都不服输。”

有一次暑假，他又回到欧洲，在那个旅游旺季重操他当导游的旧业。他以一种愉快的心情回忆起一位很重要的法国客户：“法国的玛格画廊暨博物馆（Maeght Gallery and Museum）曾经孕育出很多知名的印象派画家。这间画廊就位于里维埃拉，尼斯后面的高山上。我就在这个画廊当私人司机。”在玛格画廊他遇到过，也曾经为许多伟大的艺术家开过车，例如西班牙超现实画家胡安・米罗（Joan Miró）、俄罗斯画家马克・夏加尔（Marc Chagall）以及许多其他的艺术家。

基亚姆告诉我：“自朝鲜战争开始，我的生意就一落千丈。许多美国人因为害怕它会演变成全球性的冲突事件，纷纷取消国外旅游计划。”于是他回到哈佛，同时决定结束欧洲方面的生意，并且把车队卖掉。“在那个时候，学校认为一个‘成功’的人就是离开学校后进入一家大公司，然后不断往上爬，最终成为这家公司的权力核心。当时靠一己之力创业的理念还不像今天这样普遍。”

用智慧工作

维克托・K. 基亚姆在离开商学院后，立即开始找工作。他的第一份工作是在一家大型国际贸易公司的化妆品部门工作，这是他相当有兴趣的领域，但他的工作范围是在美国本土。最初他是一名实习生，接下来，公司把他派到俄亥俄州做一名推销员。开始的时候，他的工作很不顺利，但在一周工作 7 天、终年提着手提箱到处奔波的努力下，他的工作表现越来越好。于是他得到了升迁，负责南部五个州的业务。这个范围相当广，但由于多年来推销员的流动性很高，于是客户已逐渐丢失。而他处理这个难题的方法就是辛勤地工作，或者就如同我经常说的“用智慧工作”。他承认，他所面临的最大问题之一就是他经常质疑他们过去做事的方法。而他所得到的回答，千篇一律都是“一向都是这么做的，你照着做就好了”。而且一如既往地，他的直属上司不能告诉他这么做的理由。

维克托·K. 基亚姆可不吃这一套。他就是办不到。“我就把事情呈报上去，陈述哪些事情是不合理的，它们为什么不对，我有什么不同的做法，同时为什么我认为我的想法比较好。”他挑战陈规旧习的做法显然得到了上面的赏识，于是他升迁得很快。后来他虽然跳槽到另外一家公司，但他寻求更佳做事方法这一点依然未变，而他在这家公司一待就是 13 年。刚开始的时候，他是该公司的区域经理，负责密西西比州以西的广大区域。他再度回到提着手提箱奔波的日子。他告诉我：“然后我升为公司的营销经理，迁往位于纽约的公司总部，接着更一路升为公司的执行副董事长。”

建设的欲望

基亚姆靠着智慧地工作达到了事业的高峰。多数人在达到那样的高位后，多半会觉得心满意足，但他不然。20 世纪 60 年代末，他所在公司的母公司决定把公司卖了，基亚姆觉得买主只是基于财务方面的理由才买下这家公司，换句话说，是个精打细算的玩家，而不是个有心经营公司的人。基亚姆坦白地说：“我是个真真实实的建设者。”但他这么说并不表示他要涉足建筑生意，他的意思是要建设一家公司、一个机构、一份他能够全然掌控的事业。“我决定自行创业。有个猎头公司曾经提供给我一家公司董事长的职位，但当时该猎头公司的负责人就跟我说：'基亚姆，你知道吗，以你的背景，你实在应该有你自己的事业。'我接受了他的建议。"

于是，20 世纪 60 年代末，他在争取到财务上的支持后，便收购了一家一度相当知名的手表公司——威尔斯·贝罗斯（Wells Benrus）。他在 8 年间把它经营得非常成功，然后以此为基础，将它扩展成多元化的企业集团。从一个卖可乐给从"欲望街车"上下来的口渴客人以换得微薄利润的小贩，到今日企业集团的领导者，这两者之间的差距可真不小。

基亚姆涉足的事业领域还包括精密仪器零件公司以及珠宝公司。事实上，他和妻子曾经在随同尼克松总统访华时参观过中国的精美珠宝，后来索性销售起了这类商品。

基亚姆后来把业绩不断增长的威尔斯·贝罗斯卖了，又买进了斯斐瑞·雷明顿（Sperry-Remington），买进后就将其更名为雷明顿制造公司（Remington Products，Inc.）。这个名字似乎就象征着成功，而它也确实为维克托·基亚姆的成功故事画下了一个圆满的句点。

那时，他听说这家制造雷明顿刮胡刀的公司正在寻求买主，于是他开始留意这家公司。他妻子就问他打算做什么。她说："你从来不用电动刮胡刀，你怎么能够凭空想象？"于是，她买了一把雷明顿刮胡刀当作礼物送给他，并且对他说："如果你正在观察这家公司，那你至少应该试用一下它的产品。"

基亚姆告诉我："我深知，**要知道某种产品是否有极高的价值，**

唯一的方法就是亲自去用。我试过并且满意极了。这就是我买这个商品和这家公司的经过，千真万确。”

待人之道

我一向喜欢探究，是什么因素激励那些人不畏任何逆境、险阻，努力迈向成功。维克托·基亚姆对我说的是，人们本身就是激励他向上的动力。“我一向和我欣赏与尊敬的人一起工作、交往，同时严格遵守以下原则。到头来，我也赢得了他们对我的敬重，而它给了我努力的动机。我认为，和我来往的人都是我工作上的伙伴。”基亚姆的忠告是：**如果你犯了错，就勇敢承认并且改过，千万不要让他人去收拾烂摊子；言出必行，一言九鼎。**他肯定地说：“在奉行以下法则长达50年之后，我相信我到任何和我做过生意的人家中，都必定会受到热烈的欢迎。”这可能就是他最大的成功。

在攀登巅峰的路途上，基亚姆确实奉行着一套原则及技巧。他可能并没有像我这样有条理地列出来，但当我回顾他的故事时，深深为他的忠告所打动。因此，在此我要向所有正在披荆斩棘、为自己的事业开山辟道的人推荐它们。因为基亚姆认为自己是一名建筑师，所以这些原则就好比是基亚姆的积木：

（1）凡事求胜；

（2）与你欣赏和尊敬的人交往；

（3）寻找高价值的商品和服务，同时确定你所提供的商品有着最高的价值；

（4）让仁慈、施舍与你的成功携手并进；

（5）视每个与你交易的人为事业上的合伙人，而不是敌人；

（6）绝不让他人独自收拾烂摊子；

（7）随时留意新的商机；

（8）寻求更好的做事方法，同时让别人知道原因；

（9）随时保持竞争力，并且乐于接受竞争；

（10）做一名建造者！

也许你够幸运，也有一位祖父给你终生难忘的忠言。若果真如此，那么就把这些法则加进你祖父给你的忠言中，然后静待幸运之神的眷顾吧！

第 22 章

享受美好的果实

本书到这里为止已经谈论了好些事情。你已经学到如何得知你是世界第一，学会做梦就要做大梦，也知道制定一个实际可达成的目标有多么重要。

除此之外，你也应该了解到，当你为自己每年挪出一个月时，你会有多少剩余时间可以做自己想做的事。你也明白了在攀登巅峰的路途上，善于利用时间的无上价值。

你知道了诚实的重要性。

同时你也很清楚，与积极乐观的人交往，也就是与那些有雄心、愿意撸起袖子加油干、用智慧工作的人交朋友，是绝对必要的。

我相信，你现在一定比以前更相信自己，因着这个信念，你应该对自己更有信心，同时你不仅应该对自己有信心，还应该对别人有信心。

你也知道，雄心是驱使你向上的动力，你将学习过自律的生活，因而会惊讶于自己已经能有效地掌控自己的命运。你再也不会让别人控制你了。

你攀登巅峰的每一步，都是经过精心设计的。同时，在任何需要严于律己的时候，你绝不放纵自己。虽然如此艰难，想想你成功的那一天，你得到的回报将是多么丰厚：

- 快乐悠游于自己选择的领域中；
- 感受功成名就后的骄傲；
- 得到名气、声望、他人的肯定和报酬；
- 获得稳定收入。

虽然并非每个人都能成为百万富翁甚或亿万富翁，但我的确已经介绍了好些达到成功境界的人士。

为改变预做准备

你一定有过长途开车去旅行的经历。你一手握着方向盘，一手拿着地图，而地图就像是这趟旅行的车票。突然之间，你的前面出现一个回转的标志，这个标志未标示在你的地图上，于是你陷入了一个不曾预料到的窘境。事实上，在每个人的职业生涯里，也常会出现回转的情况，这时就需要制订不同的计划、借助不同的方法来达到原定的目标。下面所讲的就是这样一个例子。

我曾经长期从事汽车销售工作，而且做得有声有色。对我来说，销售员的工作能让我得到很大的满足。在我的协助下，人们得以拥有一辆可靠、合适、安全和负担得起的汽车。但在我的汽车销售生涯中，我依然不得不面对一些改变。举例来说，还记得我在本书第 12 章中提到的吗？底特律地区突然不允许在生意最多的周六营业。我同时描述了为了应对 1974 年石油禁运的突发状况，我在销售手法上做了一些调整。在过去那些日子里，汽车工业曾有许多技术上的改革，身为销售员的我，自然需要随时更新我对汽车的认识。因此，**销售汽车绝不只是找买主下订单而已**。

你必须对相关的变化有所察觉，同时做好十足的准备，对从事销售工作的人来说尤其如此，因为每年每个州都会颁布一大堆新规定和法则，而销售员必须一一遵守。也许以后有这么一天，不管销售的商品是什么，你都必须取得销售员资格，就好像汽车技师必须经过认证一样。事实上，在国外有些地方，你会看到一些零售商店挂着一个标志，上面写着“有照营业”。

在你攀登巅峰的路途上，遇到回转是不可避免的。当你遇到时，不妨挺身接受。记住，回路的出现，有时反倒可以让你看到一些你可能错过的景致。同时，你在攀登巅峰的路途上必须面对的改变也有同样的功能。你只要把目光一直放在成为第一的目标上就可以了。

倾　听

当你正努力攀上巅峰时，难道你不感到满心喜悦吗？当你成了第一时，难道你不快乐吗？成功的生活就是将生活推到极致。它的意思就是生活在最高峰。当你做到了时，其他高峰也会一一在你的生活中归位。

你可以在事业上、工作上、教育上、婚姻生活上、养儿育女上、游戏与工作上获得极大的成功。让我再告诉你一次：如果我能做到，那么你也能！

你一旦到达成功之地，就会希望一直停留在那里。记住，没有人能够撼动你，如果你：

- 在交易上绝对诚实；
- 随时吸收工作领域中的新资讯；
- 智慧地工作；
- 保持信心；
- 信守承诺；
- 好好规划自己的时间；
- 奉行己所不欲、勿施于人的黄金定律。

还有一点也是你必须知道的：即使你已奉行了上面所述的法则，你仍然有可能把自己从成功的高峰上拉下来。你所要留意的是，**绝不要成为自己最大的敌人**。英国著名的作家阿道斯·赫胥黎（Aldous Huxley）就曾经说：“**宇宙中仅有一方角落是你一定能够改善的，那就是你自己。**”

且让我跟你分享我的好朋友罗杰·达利（Roger Dally）写的一首诗。罗杰是芦荟国际营销公司（Aloe International Distributors）的董事会主席，该公司制造并销售许多与芦荟有关的健康产品、美容用品和维生素。它所使用的芦荟是在墨西哥种植的，然后被运到该公司位于芝加哥附近的总部加以合成。身为一个多层次的直销公司，芦荟国际营销公司有上万个分销商，遍布墨西哥、加拿大、韩国、沙特阿拉伯等地。

罗杰出生于一个贫穷的大家庭，他一向有着很强的信念，相信任何事只要他努力去做，就必定能够做成。年轻时候的他，就开始靠着除草、送报纸以及在制造相簿的公司里打工赚钱。出于本能，他知道自己想要创建属于自己的事业。他先是在地下室开始芦荟事业，后来搬到车库。人们开车前来，排队购买他自己装瓶和封口的产品。后来他以自己的房子作为抵押品，尽可能到处借钱，以扩充他需要的生产设备。到了今日，他的公司一年有上千万美元的生意，而且还在持续成长。

他的人生观是什么？罗杰相信，时下太多的年轻人错失了太多的良机，他们在追求人生所要的事物上，总是过于犹豫不决。让我为他这句话佩戴一枚吉拉德“No. 1”领针吧！我认为太多的年轻人错失了他们的目标——是整个目标，而不仅是靶心。罗杰说过异曲同工的话：“预备、瞄准、射击！”但他相信**花太长的时间去做预备，本身就是一大错误，只有瞄准和射击才是他的座右铭**。放手去做吧！

年轻的罗杰身材相当矮小，而他躲避街头混混挑衅就是靠他的一双快脚。而他那双快脚也帮助他成为一名网球冠军。由于家境贫寒，他最多只买得起价值 1 美元的网球拍。他曾经与另一位冠军选手同场竞技，那家伙很有钱，有着最好的装备和上好的网球服，还开着一辆高级汽车到球场参赛。但罗杰在很短的时间内就把他打败了，这就证明了财富并非制胜的保证。

现在的罗杰很富有，但他相信，一个人不应以赚钱多少为标准来衡量自己的价值，而应该以你能帮助别人赚多少钱为标准。这就难怪他会有如此多的忠实分销商。今日的罗杰正用自己的时间和资源去协助那些城市小孩——那是一群需要有人开导、为他们的人生带来希望的小孩，而且他正在享受因此所结出的甜美果实。

我同意罗杰·达利的“不要浪费时间，不要错失机会”的人生哲学，我也同意他那要瞄准和射击的忠告。在他的一首诗中所阐述的人生哲学，正是他成功的原因之所在。

在征得他的同意后，我很骄傲地与你们分享他的这首诗。

如鹰一般飞翔

对失败的恐惧
让佼佼者踌躇不前
对求胜的恐惧
让其他人望而却步

使我们错失的是我们自己
使我们失足的是我们自己
为什么汲汲于做一名优胜者
却得过且过？

我欲住华厦
开大车
这些改变
太遥远了

就让别人
去赚尽世间所有的财富
现在的我已很满意
拥有的似乎也不少

但是稍等，请等一下
我也曾有过成功
打从心里说
作为一名佼佼者的感觉还真不错

如果别人做得到
我也能！
再也没有借口了
我定会这么做，除非我死

一定还有空间
可以容纳一个人
像鹰一样展翅高飞

直入云霄

我向天立誓
我将直立
我将望向高处
一个我心所知应往之地

我将如鹰般飞翔
勇敢而无所限
如果你相信你的梦想
就与我一同翱翔

让世界停下来！

多年前百老汇的一场音乐剧里有一首歌，至今在许多剧院里还可以听到它，那就是“让世界停下来，我欲起飞”（Stop the World，I Want to Get Off!）。

我的问题是：为什么？**与其让世界停下来，好让我起飞，我宁愿说我要让世界动起来！**

当成功可能属于你的时候，不要轻言从生活中或是从商界中退出。努力去追求成功的荣耀，我知道你办得到，我为你加油。

愿你能迈向世上所有巅峰！